中公文庫

昭和の妖怪 岸信介

岩 見 隆 夫

JN282480

中央公論新社

目次　昭和の妖怪◉岸信介

第一部　満州の妖怪

第二部　権力への野望

昭和の妖怪　岸信介

第一部

満州の妖怪

序章

最後の大物

証言者の一人、古海《ふるみ》忠之《ただゆき》（元満州国総務庁次長、東京卸売センター社長）は、岸《きし》信《のぶ》介《すけ》が満州時代、政治的にどんな動き方をしたのか、と聞くと言下に、

「そりゃあ、いえないな。エピソードはたくさんあるけど、書かれては困るような話ばかりだよ。書かれると岸さんが可哀相だからね。ボクは岸さんに非常に近い部下だったから」

と証言を断わった。古海は大蔵省から派遣されて昭和七（一九三二）年、建国まもない満州に渡り、十三年間の短い運命をともにして、満州国の落日を見届けた高級官僚の一人である。昭和二十年シベリアに抑留、のち中国に引き渡され、十八年間の拘禁生活を送っ

て三十八年に帰国している。

「普通の人からみれば、岸さんは外貌は秀才型だし、優秀な官僚政治家と映るかもしれないけど、本質は大変な政治人間ですよ。ものを考える時、決して事務的には考えないで、かならず政治的に考える人だ。そして親分ハダで、人の世話をよくする人だね。そのために損もしている。

たとえば、台湾や韓国の問題もそうだし、自分の利益を図っている子分たちが岸さんのまわりにたくさん集まるということもある。岸さんはそういうことを十分承知しているにもかかわらず、いちいちやかましくいうことはしない。台湾や韓国と手が切れないでいるのも、子分たちのせいですよ。

面倒見のよさという点では、たとえば福田《ふくだ》さん（赳夫《たけお》、首相）を何とかしてやろうと岸さんが並々ならぬ情熱を傾けてきたということがある。一部の人はよく知っていることだが、福田さんに相当のカネを流し続けているね。カネの使い方という点では、世間ではとかくいう人が多いようだが、見当違いだよ。自分の利益のためにカネを使っていることは少ないんでね。そういう意味では、きれいな人というより、偉い人だね」

と語った。

また、いま一人の証言者、かりにAと呼ぼう。Aは、インタビューの翌日、次のような電話をかけてきた。

「きのう話をしたあと、いろいろ考えてみるとボクも岸さんに都合の悪いことをいろいろ話してしまった。岸さんという人は、カネのことや都合の悪いことを書かれるのを大変きらう人なんでね。ボクは戦後の岸さんとは関係ないと話したけど、いまの商売でも実はいろいろ関係があるので……。

だから、ボクの名前は絶対に出さないでほしいんだ。そうでないと、商売があがったりになる。満州時代の知りあいが二人も、『おまえも何か聞かれたか』なんて急に電話をかけてきたりしているし……」

Aは、満州での岸の部下というだけにしておこう。古海とAの話は、「満州時代の岸」を語った多くの証言のほんの断片にすぎないが、四十年も前の異国での出来事が、いまになってもスラスラ語れないところに、尋常でないものを感じないわけにはいかない。いかに古くさくなったベールでも、めくりにくいとわかると、よけいめくって内側をのぞいてみたい欲求は抑え難くなるものだ。

さきごろの新聞インタビューで岸は、日韓両国間の「黒い疑惑」――いわゆる癒着《ゆちゃく》問題を聞かれると、憤然とした口調でこう切り返していた。

「癒着、癒着というが、親密な関係はありますよ。それは否定しない。交流はあるんだけど、何かそれを利権的な意味にとったり、金銭その他、何かによってですよ、その関係が結ばれているようなことは、全然そんなことはありゃせんしだね、ないということを証明するのはなかなか難しいからね……」

不正の事実があるならともかく、うわさだけで攻め立てられても、アリバイ証明をしようがない、と岸はいいたいのだろう。しかし、昭和五十一年来のロッキード事件を経験するまでもなく、政治家の潔白宣言は信用力を失っている。あの田中角栄《たなかかくえい》も、同じような趣旨のことをいったことがある。

ロッキード事件の経験で、国民の側は「総理大臣の犯罪」という衝撃にぶつかったあとも、さらに底知れぬ深淵が隠されているような気がして仕方なかった。「ない」と完全否定するほど、疑惑が深まってくる不幸な状況のなかに、いまの日本の政治はある。

田中逮捕（昭和五十一年七月二十七日）は、戦後保守政治の幕を引きずり降ろすほどのエポック・メーキングな事件となったが、もう一人の総理大臣経験者、岸信介は、戦後派の田中と違って、戦前から戦後の国家経営に直接参画し、田中よりはるかに日本の運命にかかわりを持つ超大物といえる。責任の重さ、キャリアの多彩さにおいて、岸は文句なく生存する政治家の筆頭であり、戦前戦後の政治に残した岸の足跡を点検すれば、吉田茂《よしだしげる》のそれをしのぐかもしれない。池田勇人《いけだはやと》、佐藤栄作《さとうえいさく》の比でないのはもちろんである。

どちらかといえば陽性の田中角栄は、私邸に直接札束を運び込むという無謀をやってのけたとされ、あっさり馬脚をあらわした。

だが、本当にかかりの話だが、岸が政治犯罪にかかわっているとしても、田中よりははるかに頭脳的で用心深く、発覚の可能性はきわめて小さいに違いない。万一、発覚したとしても、きちんと大義名分が用意されていることだろう。

それは、半世紀に及ぶ政治歴の中で、岸が幾度かの危ない橋を渡りぬけ、東条英機《とうじょうひでき》戦時内閣の商工大臣、軍需次官をつとめながら、戦争犯罪人の重罪をまぬがれることに成功し、今日でもなお政治的影響力を保持している超人的なタフネス、計算しつくされた処世術からの連想である。

しかし、ひょっとすると世間のうわさの方が虚像なのかもしれない。岸に関係の深かった人の多くが証言するように、もし岸が誤解されることの多い正義の士であるならば、その誤解だけは早く解いておかなければ国民的な不幸というものである。なぜなら、二人目の「失格宰相」を歴史に残すのではないかという不名誉な予感の中で過ごすことほど不快なことはないからだ。

ベールをめくりたいというのぞき趣味だけでなく、正直なところ、ある時期の日本の運命をになった人物を理解せずに歴史を語れるはずはない、という気負いもあって、政治家岸信介の人間研究に取り組んでみた。だが、戦後の岸を正確に捕捉するのはきわめて困難なことである。

証言者たちは岸の一面は快く語ったが、別の一面については固く口をつぐんだ。それは岸がいまもなお、隠然とした政治力を失わずにいることの証明でもある。

「岸信介来り又去る」

「満州時代の岸」に着目したのは、古い戦前のことなら証言者も語りやすいだろうという期待からでもあったが、直接のきっかけは短い手記だった。かつて満州国の総務長官（事実上の総理大臣）をつとめた星野直樹《ほしのなおき》が二十年前、雑誌に書き置いた「岸信介来り又去る」の一文である。

星野はその冒頭で、

「人間一生のうちには、一つの決断とか、動きとかが、生涯の行路に重大な影響を与え、時には、その方向を決するという場合も少なくない。岸信介君が商工省工務局長の地位をなげうって、満州国に入ったことは、岸君にとって人生の重大な決定であったと思われる」と書き、末尾を、

「岸君は在満三年で、商工次官として東京へ帰って行った。だが、帰って行った岸君は満州に来た時の岸君ではなかった。省内随一の俊秀ではあったが、来た時の岸君は、まだ一介の官僚、良吏であった。が帰って行った岸君は商工省を離れて、客観的に立派な日本の政治家に成長していた。

最初、商工行政で日本の政治の姿を観察することができ、そしてさらに満州に来て、今までの商工省関係以外に、広く各方面の人々と交わり、事を共にし、いくたの同志を得た。

ことに当時、日本の政治の運営に多大の影響力のあった陸軍の軍人、とりわけいわゆる少壮将校の人々と交誼をあつくし、その間にいく人かの同志を得た。これらは岸君の物の見方、考え方に少からぬ影響をおよぼしたことは当然である。こうして、満州国で働いた三年は必ずしも長くはないが、岸君はその間に著しい成長を遂げた。一生の方向は、この時にきまったといってよいかも知れない」

と結んでいる。

星野といえば、いまでこそ知る人が少ないが、満州国を牛耳《ぎゅうじ》った五人の男、俗に言う「二キ三スケ」（東条英機、星野直樹、松岡洋右《まつおかようすけ》、鮎川義介《あいかわよしすけ》、岸信介）の一人である。

先述の古海らとともに大蔵省組のキャップとして建国直後の昭和七年七月に渡満し、十五年七月までの八年間、日本の支配下におかれた新興国の骨格づくりに取り組んだ。岸は昭和十一年から十四年までの三年間、星野のもとにつかえ、総務庁次長（事実上の副総理）として、辣腕《らつわん》をふるったとされている。

のちに星野は近衛内閣の企画院総裁（国務大臣）に招かれて帰国、東条内閣では書記官長（岸は商工大臣）として、太平洋戦争開戦の詔書を書いた。戦後はA級戦犯に問われ、極東軍事裁判で終身刑の判決を受けて服役、仮出所したのが三十年十二月である。

出所後の激励会には、鮎川義介、五島慶太《ごとうけいた》（五島は東条内閣のとき、星野の口ききで運輸大臣のポストを得たとされている）らが集まったが、岸は保守合同直後の自民党幹事長の要職にあって多忙のためか、出席していない。

星野が獄中生活をしている間に、岸は政界の寵児《ちょうじ》として表舞台で踊りまくり、出所のころは政権を目の前にしていた。満州を動かし、つくった二人のエリート官僚は四十年後のこの時期、画然と明暗を分けあっていたのである。

満州時代から、官僚優等生の星野と政治臭芬々《ふんぷん》の岸とはソリが合わなかったといわれる。星野は満州に骨を埋めるといって息子を地元の建国《けんこく》大学（満州国首都・新京《しんきょう》〈現、長春〉にあった。満州国国務院直轄の国立大学。昭和十三年開学、二十年八月閉学）に入れたりしたが、岸は東京だけを向いて腰掛け的な満州生活を送り、脚光を浴びるのは万事派手な岸の方だった。

星野の先の手記が書かれたのは出所後一年半、岸が内閣を組織してから半年後のことである。かつての部下が総理大臣の椅子に昇りつめたことへの祝詞はこの手記に一行もなく、官僚だった岸を、官僚としてでなく「政治家として著しい成長を遂げた」とだけ批評したことの異様さがまずひっかかった。

さらに、興味をそそられたのは、「満州が岸君の生涯の方向を決めた」といい切りながら、その説明がとおりいっぺんでしかないことの不自然さだった。政治家開眼の結論だけをいいながら、プロセスを避けている。星野は何かを隠しているに違いない、と思われた。

満州時代の岸信介を取り巻いていた満州国政府、満鉄、関東軍などの生き残り組を総あたりするにあたって、うかつにも「二キ三スケ」のうち、健在なのは岸ただ一人だと早合点していた。それほど、岸を除く「二キ三スケ」つまり東条、星野、松岡、鮎川の四人は過去の人になりきっている。

ところが、星野直樹は存命だった。

昭和五十二（一九七七）年九月の某日、東京・新宿区中落合にある星野家を訪ねてみた。ひっそり静まりかえった住宅街の一角、平家建てのごく地味なたたずまいである。

玄関口に白髪の小柄な老人が応対に出た。在満当時は「満州の宋美齢《そうびれい》」といわれ、賢夫人の勇名をはせた星野操《みさお》、当時八十歳だった。昭和十七年の満州建国十周年慶祝式典には、功労者紅一点として参加した。そのころの新聞記事は「王道楽土建設の創業に挺身した夫君を扶けるかたわら、満州国防婦人会の統合の偉業をなしとげた不抜の努力は、五族夫人協和の蔭の功労者として永久に銘記されるであろう」と操夫人を絶賛した。

満州の情報通といわれる小坂正則《こさかまさのり》（元報知新聞東京支局長、日本フエルト顧問）は夫人のやり手ぶりを、

「大変えらい人で、国防婦人会を通じて、とうとう東条（英機、当時関東軍憲兵隊司令官、のち参謀長）夫人勝子《かつこ》さんをまるめこみ、自分の亭主を東条に結びつけてしまった」

と証言しているほどである。

往年の美貌の面影を残しながら、夫人はてきぱきと次のように質問に答えたが、星野との面談は強く拒んだ。

星野直樹は病床に

――満州時代の星野さんや岸さんのことを聞きたいのですが。

「ただいまは口もきけません。病気のことも公表したくございませんし、八十五歳でございますから」

――話ができないほど病状はひどいのですか。

「ちょうどご在位記念日（五十一年十一月十日）のころから具合が悪くなり、退院はしま

したが、お目にかかってもお話もできません。せっかくでございますが……」

──入院の前は。

「いっさい公の席には出ておりません。ご在位五〇年記念式典にご招待を受けて日本武道館にうかがったのが、公の席の最後でございます」

──その時、岸さんと話をされたということは。

「別段、誰とお話をするというわけでもございませんでした。お席が決まっておりましてね（操夫人も同席していた）。元閣僚席という所へまいりまして、そのあたりにおられた方とはお話をかわしたようでございます。大変良いお席を頂戴いたして、感激しておりました。暑さも峠を越しまして、多分一命をとりとめるであろうと、一縷《いちる》の望みをもって看病をいたしております。折角でございますが、そのような次第で……」

満州の岸を語る第一の証言者、星野はすでに病いの床についていた。一年前の天皇ご在位式典のときが、岸と星野が顔をあわせた最後のときになるだろう。しかし、岸は離れた元総理大臣席にいて、二人が言葉をかわすことはなかった。

星野の長女、村上慎子《むらかみしんこ》（元星野企画院総裁秘書官、村上一《はじめ》の妻）も電話口でこう語った。

「今となっては、何も申しあげることがございませんので、ご勘弁ください。三十年以上も昔のことですし、本人もまったく口がきけない状態で寝たきりになっておりますから」

──お父さんは満州のことをどんなふうに話していましたか。

「満州のことは日本のためと思ってやったことですから、いろいろ批判を受けましたが、私利私欲のためではなかったのですし……」

――巣鴨を出てからは。

「東急の五島（慶太）さんやダイヤモンド社の石山《いしやま》（賢吉《けんきち》）さんにいろいろ獄中にあったときもお世話いただきましたので、出てきてからも、その方面の仕事をするようになりました。元来派手なことのきらいな人でしたから、選挙に出てはどうかという人もいましたけれど『オレはもう過去の人間だから』と、とりあいませんでした。牢屋から出てまいりましても、『満州でみなさんには迷惑をかけたので』ということを申しておりました。

当時本当に向こうに骨を埋めるつもりでしたし、五族協和ということで、みんな夢中でございましたからね」

――岸さんとのおつきあいは。

「ええ、よく存じておりますよ。（満州では）家へもこられましたから。奥様は（満州に）時々いらしていたのではありませんか。たしかあの方は（在満期間が）ずーっとみじかかったのではありませんか」

星野一族は、満州時代のことも、岸のことも多くを語りたがらなかった。岸については、在満期間が星野の八年にくらべて「ずーっとみじかかった」というひとことに万感がこもっているようでもあった。

そのみじかい三年間に、岸は政治家に急成長し、生涯の方向まで決めたと星野は書いているのである。

星野家を訪ねるのと前後して、岸は羽田国際空港を飛び立った。人口問題議員懇談会使節団の団長として九月三日出発、南米、アメリカ各地を訪問し、二十一日帰国。この間にワシントンではカーター米大統領と会談して「幻のカーター発言」騒動を巧みに演出している。

その政治力と怪物性

岸にふり回されたワシントン常駐日本人記者団とのやりとりはいかにも岸的で、たまたま取材中に起こったこの一件は、四十年も前の「満州時代の岸」を描くのに大いに参考になった。

記者団に囲まれたのは、日本時間の九月十六日、カーターとの会見を終え、ちょうどJ・スパークマン上院外交委員長主催の茶会の部屋から出てきたところだった。岸は廊下の立話で——。

「大統領はだな、国防に関してだよ、ええ、何かGNPの一パーセント以内に抑えるという、日本側がナニしてるけれども、日本の特殊事情は自分もわかっていると。けれども、やはりそのね、いまの国際事情からいうとだ。なにも一パーセントに抑えなくたってだなあ、ヘッヘッヘッヘ、ええ？　事情によってはだよ、考えとく必要があるんじゃないかと」

「………」

「もちろん、その憲法上、それからその他、日本の、戦後における一般の政治情勢からいうとね、ええ、これを抑えようという気持はわかるけど、でも一パーセントという、ヘッヘッヘッヘ」

——カーターがそういったんですか。

「そんなにこだわることないじゃないか」

——それを福田さんには伝えろとはいわなかったですか。

「いや、いやせんけど」

その日の東京各紙夕刊は、そろって一面トップの大ニュースに仕立てた。「カーター米大統領は防衛費が国民総生産（GNP）の一パーセントという日本政府の方針に批判的な姿勢を示した」と。ところが、カーターの爆弾発言は岸製のニセモノであることがすぐに判明した。岸はそれを織り込みずみだったと思われる。

翌日、岸はワシントンで訂正記者会見をしたが、これがまた奇妙な内容だった。岸は、「たいへんキミたちにお手数をかけちゃって、どうも。全然英語がわからんのならともかく、三分の一ぐらいわかるからいけないんだ。『GNP一パーセントにこだわるな』というのは私個人の意見でね」

と前言を取り消したまではよかったが、さらにつけ加えた。

「しかしシロをクロといいくるめたわけではないんだよ。大統領府だって（私の発言に）非常に困って抗議してきたわけじゃないし……。カーター氏も『アメリカ人の多数は、日本にもっと防衛努力をしてほしいと考えている』といっているんでね」

防衛費増額のタブーに、岸は上手に火をつけ、しかもカーターという最高の役者を使うことに成功した。「訂正はしたが、本音は……」という余韻を残しながらの名演技である。

いくらかミステリーじみていたワシントン騒動をみてもわかるように、岸の言動にはたえず一つの状況に誘導していく天才的なものがうかがえる。その手法は、複層的であり、原型らしきものは確実に満州時代の中に見出される。

最近の岸は、週一回以上のゴルフを欠かさず、静岡県御殿場の豪邸から東名高速道路を突っ走って東京にやってくる。西新橋の日石ビル三階、岸事務所で来訪者との面談を精力的にこなし、夜は料亭にもひんぱんに顔をだす。ごひいきは赤坂の一流料亭『中川』。酒量も衰えていない。ゴルフ焼けでてかてかした顔を、いつもほころばせ、笑っている時間の方が長いほどの愛想のよさで、声には張りがある。

明治二十九（一八九六）年十一月十三日生まれ、大正九（一九二〇）年、農商務省入りしてから官界、政界を生き続けること、半世紀を超えるが、なおも岸は野心的に世界を見、日本を見、さらに政治の深層をも掌握しているように映る。

早くから世捨人に近い星野との対比は、そうした岸の超人ぶり、怪物性をいやがうえにもきわだたせる。

満州時代から戦中、戦後の岸との昵懇《じっこん》で、星野も知る片倉衷《かたくらただし》（元関東軍司令部第四課長、国際善隣協会理事）は二人の関係をこう語った。

「岸さんは才子で、満州当時の写真をみてもわかるとおり、才気あふれる凄い顔つきだ。星野さんはああいう人だし、性格はまるで違う。戦後は、岸さんは早く巣鴨を出たが、星野さんは（巣鴨が）相当長かった。そんなこともあって二人はほとんど会っていないと思うね。

星野さんは、自分から求めて人とつきあう人ではなかったから、巣鴨を出てからは、ダイヤモンド社と東急（の両社）にじっと閉じこもっていたようだ。私も善隣協会（満蒙、中国からの引揚者の援護福祉団体）の仕事をやっているが、星野さんは善隣協会の会長を長くやっていたにもかかわらず、めったに顔を出さなかった。仕事は何もしなかったといっていい。このポストは、星野さんがカラダを悪くしたので、つい最近、岸さんに替わってもらった」

そして、片倉をはじめ満州時代の生き残り組たちは、岸という捉えにくい怪物の断面をさまざまに証言した。

国家の体裁さえ整っていない満州大陸に乗り込むことは、当時のエリート官僚たちにとって、左遷どころでない、危険な賭けだった。満州経営が、日本の運命を左右する重大事であったとはいえ、官僚たちには満州行きが東京の本省コースを離れた島流し同然のことに映った。実際に島流しの悲運に泣いた高級官僚の満州エレジーは少なくなかった。

にもかかわらず、岸はなぜ渡満したのか。

それは、岸が頭の切れるだけの平凡な秀才型官僚でなく、特異な野心型能吏だったことと深くかかわってくる。

大正九年に東京帝国大学法学部を卒業した岸は、当時人気の集まった大蔵省、内務省を避けて農商務省（大正十四年に商工省と農林省に分かれる）に入省した。東大の二年先輩で、すでに内務省書記官だった平島敏夫《ひらしまとしお》（元満鉄副総裁、参議院議員）はのちに満州で岸と接触を深めることになるが、その当時のことを、

「岸君は、在学中から秀才の誉が高く、われわれにも我妻栄《わがつまさかえ》君（民法学者）とならんで、秀才ぶりがつたわっていましたよ。あの頃の首席は大体大蔵か内務をねらったものですが、彼は農商務省を選んだ。多分これからは、じっと机に座っているよりも、実際に仕事のできる農商務省の方が、将来性があると考えたのでしょう。その点、彼は非常に利口だった」

と回想した。平島自身が東大首席の銀時計組で、農商務省から入省を勧誘されながら断

わって内務省に入っていた。岸も自由な選択が可能だったが、官界入りという人生のスタートにおいて、異色な対応をしたことになる。

大正十年に平島は、その頃「新官僚」と呼ばれた各省の少壮官僚たちを集めて、定期会合を持ったが、まだ見習い期間中の岸がよく姿をみせた。鐘紡社長、武藤山治《むとうさんじ》がスポンサーで、メシを振舞いながら、

「今のような政治でよいのか。若い官僚のキミたちがしっかりせにゃいかん」

などと、武藤はぶった。大学を出て一年そこそこの岸はそれを聞いていた。

農商務省が分割されたとき、岸は商工省に回るが、省内では終始抜きんでた存在だった。岸の評価を不動にしたのは減俸反対運動のさばき方である。

「商工省に岸あり」

昭和四（一九二九）年夏、緊縮政策を打ち出した浜口雄幸《はまぐちおさち》内閣は、この年十月十五日の閣議で「官吏の一割減俸」を決定する。翌十六日、在京の検事六十人はただちに「減俸反対」を決議。この動きは各省に波及した。

のちに満州国政府で岸の部下として働いた鳥谷寅雄《とりたにとらお》（元満州国実業部機械工業科長、国際ビルサービス社長）は、この時、岸と組んで商工省の反対運動リーダーだった。鳥谷はいう。

「岸さんは文書課首席事務官で、課長になる一歩手前。ヒラの高等官のトップとして代表

に選ばれました。私は判任官の一番若手。他の判任官は年輩の人ばかりで、クビをおそれて代表のなり手がない。仕方なしに私が引き受け、岸さんのところに挨拶に行くと、開口一番、『クビになるぜ』といわれた。『そのつもりです』と答えると、『その覚悟があればよい。これから俵《たわら》さん（孫一《まごいち》、商工大臣。俵孝太郎《こうたろう》の祖父）のところに行くが、私が意見をいうからキミは判任官も同意見です、といってくれりゃよい』といわれましてね。その通りやりましたよ。

結局、全員の辞表を集めるところだったが、俵さんが減俸はするが即昇給という便法を考え出して落着したのです。役人が少しでも上司に反抗すれば、まちがいなくクビになるといわれたこの時代に、岸さんの態度は実に堂々たるもので、びっくりしましたなあ」

北野重雄《きたのしげお》（元満州国経済部鉱山司長、商工中金理事長を経て、日本商工経済研究所会長）も商工省にいて、この減俸反対運動に出くわした。北野は、

「『商工省に岸あり』といわれるほど岸さんの名前が官界全体に広がったのは、この一件があってからです。

それまでは、省内でこそ秀才ぶりが有名でしたが、この運動で一躍名前がとどろきましたよ。単なる秀才でなく、統率力、政治力、粘り強さを合わせもった相当の人物というイメージが植えつけられた。とくに印象に残っているのは、反対運動の代表として挨拶した時の演説ぶり。熱弁型ではないが、理路整然、非常に弁舌さわやかなものでした」

といい、その時省内に配られたガリ版刷りの辞表の文案が『減俸に関し感ずるところこれあり、辞職いたしたくお願い申し上げます』とあったことを記憶していた。

「簡単ではあるが、自分たちに非はないのだという意思をはっきり表明していて堂々とした文章だった。岸さんが起草したものだと思います」

と北野はいった。省内クーデターの指揮官を岸はやってのけたのである。この反骨の一面は、岸がステップを踏むときの武器としてしばしば活用された。

第2章　満州への野望

満州経営の狙い

昭和七（一九三二）年三月一日、建国のスタートを切った満州国は、まず財政制度の確立に取り組まなければならなかった。

形の上では満州人（中国人）の国家として発足し、国務総理を初め、日本でいえば各省大臣にあたる各部大臣にはすべて満州人が配置されたが、実権は日本人の各部次長が握った。また、国務院を事実上コントロールした総務庁の長官には、建国当初から日本人官吏が座り、初代は関東軍特務部長から横すべりした駒井《こまい》徳三《とくぞう》。

その頃は予算制度すら整備されておらず、政府の租税収入は、すべて発足間もない満州中央銀行の個人名義口座に預けられている状態だった。しかも、治安が悪く租税の全部が中央政府に届いたわけではなく、しばしば地方の軍閥に吸い取られていた。

さらに通貨は、内外公私とりまぜて実に数十種にものぼり、国家経営の基盤は貧弱そのものだった。

このため、満州国政府を当時の軍事用語で「内面指導」する立場にあった関東軍は、東京の大蔵省から有能なスタッフの派遣を要請。鳩首協議のすえ、大蔵省は、星野直樹（当時、国有財産課長）以下、田中恭（同、国有財産課事務官）、永井哲夫（同、宇都宮税務署長）、古海忠之（同、国有財産課補助事務官）、松田令輔（同、主税局事務官）、田村敏雄（同、仙台税務署長）、阪田純雄（同、岐阜税務署長）、山梨武夫（同、郡山専売局事業課長）、寺崎英雄（同、札幌税務監督局事務官）ら九人の派遣を決定した。

東京から首都、新京（現在の長春）まで、朝鮮を経由して船と鉄道を乗り継ぎほぼ三日を要したというから、やはり異国だった。

星野は満州派遣の人選にあたって意見を求められたとき、

「一国の大蔵省がよその国から財政を手伝ってくれと頼まれるなどということは、普通にあることではない。少なくとも、日本の大蔵省では開闢《かいびゃく》以来のことなんだ。

こういう場合は、普通の考え方ではダメだ。まず、こちらの力と知恵を全部出しきって手伝う必要がある。その結果、あとに起こる不便をさばいていくのは何でもない普通の仕事だろう。そうでなく、中途半端なことをして相手の国を建国早々誤らせたら、大変なことになる。日本は永久に世界に恥をさらし、結果的に日本に大きな迷惑がかかってくるのじゃないか。まず責任者として、大蔵省で第一の人物を送る必要がある」

と正論をぶったが、いざ自分のところにお鉢が回ってくると逡巡せざるをえなかった。星野らを送りだすときに、大蔵大臣、高橋是清《たかはしこれきよ》は、赤坂の私邸にわざわざ一席を設け、こんなことをいっている。

「キミたちがうらやましいよ。私が満州へ行きたいとさえ思う。もう三十年若かったら、この仕事は私が引き受けているだろうな。実は今日、閣議でキミたちのことを報告した。この際、私は同じことをいった。そうしたらみなが笑ったから、私は『いや決して笑いごとではない。それが私のほんとうの心持だ』といってやったがね」

悲壮感をもって旅立つ若手官僚たちを、高橋は「うらやましい」という逆説的な言葉まで使って激励しなければならなかった。それほど、満州は未開の荒野だった。

新京入りしたのは昭和七年七月十六日。星野は当時のことを、

「私たちが満州に着いた時分には、満州国の治安は小康を得ていた。思ったより静かなのは、むしろ驚いたくらいである。ところが、その後、日を経るに従って地方の兵乱は激しくなり、治安は時とともに悪化していった」（著書『見果てぬ夢』）

と書いた。その頃、満州で発行された新聞には、連日のように各地の軍閥、共産ゲリラが出没、橋や鉄道が寸断された状況が、克明に報道されている。

星野たち大蔵官僚が二の足を踏む満州に、しかし岸だけは熱い視線を注いでいた。早くから満州経営が岸の念頭にあったと思われるフシがある。

それを裏づける事例の一つは、のちに岸が商工大臣となった時、次官として補佐した椎《しい》名悦三郎《なえつさぶろう》（元満州国政府実業部鉱工司長、衆院議員）の渡満だった。

椎名は昭和八年の春、約十か月に及ぶ欧米視察を終えて帰国、商工省産業合理局の主任事務官（課長待遇）のポストにあった。欧州で、

「日本は自分の国より広い満州を武力で制圧したが、政治と文化の力でどこまで統治できるのかな」

といった皮肉な批評を聞き、椎名は満州の経営だけは慎重に、うまくやらねばいかんな、と考えていた。その椎名が実業部計画科長として、八年秋、渡満するきっかけをつくったのは岸だった。

「満州赴任の正式のすすめは、岸信介氏からあった。岸さんはそのころ文書課の専任参事官で、政策面での対外折衝の窓口に立っていた。万事について呑み込みは早いし、気はきくし、おまけに人づき合いもいい。私は日ごろ、よく切れて、重宝な人がいるものだと、この三年上の先輩をみていたほどだった。しかし岸さんから満州経営の話を聞いてみると、たいへんな情熱である。『満州問題は日本開闢以来の大問題で、勇断をもって、命がけで取り組まなければならぬ』と熱をこめて語る。

私ははじめて岸さんという人間は尋常な事務官ではない、とつくづく見直す気持だった。岸さんと私の関係はこのときからのことである」（著書『私の履歴書』）

と椎名は記している。

同じころの岸と満州のつながりをしめすエピソードを、鳥谷寅雄も語った。鳥谷は椎名より三か月遅れてこの年の十二月一日に新京に到着、実業部事務官となるが、翌年、出張で日本にやってきた時に、商工省のかつての上司、岸を訪ねた。岸は、

「キミ、ゆっくり時間がとれんかね。お茶でも飲みながら満州の話を聞かせてくれよ」

と引き止め、たっぷり二時間にわたって満州のあれこれを聞いたあとで、鳥谷とこんな会話をかわした。

「もしかしたら、ボクも行くかもしれんよ」

「あなたが采配をふるわないと、こっちから行った役人はみなバラバラで仕様がないですよ」

「うん、そうか」

岸の渡満意欲は、このころから鮮明な形をとりだした。始関伊平《しせきいへい》（元満州国政府産業部文書科長、衆院議員）も岸文書課長から満州行きを勧められた一人である。

昭和十年四月のある日、岸課長から呼ばれた貿易局事務官の始関は、

「ひとつ満州に行ってくれんかね。あと十年ぐらいは実業部へ商工省から人を送ってやる

必要がある。そのあとは（現地で）人が育つだろうが、それまでは出さなくてはいかん」と口説かれた。気は進まなかったが、結局始関は満州行きを承諾している。その時のやりとりを振りかえって、

「岸さんは満州国を日本の経済圏の一つとして育ててゆこうと考えたのじゃないかと思いますね。一年後には自分も行くハメになったが、決してイヤイヤながらではなかったはずです」

と始関は証言した。

しかも、見落としにできないのは、岸は渡満前からすでに満州を事実上支配する軍部と浅からぬ関係を結んでいたことである。

関東軍との関係

昭和十年五月一日付で関東軍参謀部第三課（政策担当）が作成した「満州国人事行政指導方針要綱」によれば、満州国政府に派遣すべき日本人官吏はすべて第三課の事前承認を受けることが必要で、各県の副県長（参事官クラス）として派遣される場合にも、事後の了承が必要となっていた。

しかも関東軍は、これらの人事に関する考課資料を集めるために、憲兵や特務機関を利用することを、要綱の中ではっきりとうたっている。つまり公私ともに軍のお目がねにか

なった者だけが、満州行きを求められたわけである。

この方針は要綱ができるずっと以前から事実上、貫かれていた。そして、岸は早くから陸軍省や関東軍関係者の目にとまり、きわめて嘱望《しょくぼう》された人物だった。

有末精三《ありすえせいぞう》（元陸軍中将、日本郷友連盟名誉会長）の証言によると、有末が昭和七年九月、満州事変の戦火さめやらぬ満州から陸軍大臣秘書官として東京へ戻ってきたころ、すでに岸は軍部にとって目立つ存在になっていた。

「私のからだからまだ戦塵が十分洗い落とされない時に、各省の秘書官が私を『星ヶ岡茶寮』という料亭に招いて歓迎会を開いてくれました。私も若かった。なぜ陸軍が満州でことを起こさなければならなかったのか、一席ぶちましたよ。しかしまだまだ軍の真意は内地には十分伝わっていませんでした。軍人が何をいうかという空気が強かったですよ。それで会が終わってから、こういう会を各省持ち回りで毎月一回開こうじゃないかと提案しましてね。もっと満州のことを宣伝しなきゃいかんと思ったんです。

その時、岸君も商工大臣の秘書官として同席してまして、まっ先に賛成してくれました。その後、この会合はしばらく続きましたが、岸君は終始熱心に私の話を聞いてくれましたよ」

と有末は語った。それ以後三年間、陸軍大臣秘書官として有末は軍中枢の動きに直接タッチすることになるが、満州政府の人事についてもほとんどを知りうる立場にいた。

「それはこういうことです。満州の日系官吏の一切は陸軍次官がとりしきることになっていた。たとえば関東軍第三課から満州国のこういうポストに人がほしいといってくると、その連絡はまず陸軍省軍事課に入る。

その頃の軍事課長は山下奉文《やましたともゆき》さんで、山下さんが人事課と折衝する。その結果が次官のところへ回ってくるのだが、私は事務の秘書官で、次官への取り継ぎ役だった。もっとも次官のところまであがってくるのは総務長官クラスの高等人事だけだったが、岸君の場合は秘書官同士でよく知っていたから、よく覚えている。軍事課には満州班があり、その連中が実際には人選の作業をしていた。

当時、満州班には片倉衷君や秋永月三《あきながつきぞう》君なんかがいて、岸君をよく知っていた。満州班は人事だけやっていたわけではなく、満州に関する政策全般を担当していましたから、各省の課長クラスとは始終接触があったのです。秋永君は整備局出身で、ここは自動車を扱う関係から商工省とは旧知の間柄だった。だから岸君の話があった時には、私はもちろん、満州班の連中は一人の異議もなく彼を推せんしていました」

片倉は当時満州班長として商工省に岸を口説くため足を運んだ。

「岸を引っ張り出すために商工次官の吉野《よしの》（信次《しんじ》。吉野作造《さくぞう》の実弟、元満州重工業開発副総裁）さんのところに一年間通いましたよ。吉野さんと岸とは仲がよかったからねえ。岸は陸軍省と関東軍の双方から嘱望されてました。しかし、長いこと文書課長かなんかやっていて、なかなか出さない。私も口説いたが、とりわけ熱心だったのは陸軍で動員畑を歩んだ秋永です。彼とは仲がよかったんです」

と片倉は岸説得の苦労を語った。

そして二人の元軍人が証言したように、軍部が官界随一の切れ者である岸を執拗《しつよう》に嘱望した背景には、実は、日本と満州を取りまく、せっぱつまった状況があった。

満州と長い国境を接する北方の大国、ソ連はすでに満州建国の昭和七年、第一次経済五か年計画を完遂し、めざましい国力の充実をとげていた。さらにソ連は翌年から第二次計画にとりかかり、その極東兵備も年を追うごとに増強されつつあった。ソ満国境では紛争が頻発し、ソ連の脅威は増大した。

関東軍参謀から参謀本部作戦課長に転じた石原莞爾《いしわらかんじ》は東京で「軍事中心の国防から国力増進の国防へ」の方針転換を初めて打ち出し、国家経済力をバックとする近代的兵備の増強を訴えた。

石原の提言は、昭和十一年の日満財政経済研究会（会長・宮崎正義《みやざきまさよし》元満鉄参事）による国力増進計画案として実っている。主眼は、「対ソ作戦のため、日満、北支を範囲とする戦争持久に必要なる産業の開発を急ぎ、特に満州国においてこれが急速なる開発を断行する」ことにあった。

こうして浮かび上がってきたのが「満州国産業開発五か年計画」である。

五か年計画は、満州に近代的な重工業をおこし、国防の基礎となる国力を蓄えることを企図した。

総経費が二十五億円で、当時の日本の一般会計歳出総額が二十四億円というから、その規模の大きさが知れる。

昭和十一年の初秋、計画具体化の作業が満州で始まった。満州国政府、関東軍、満鉄の三者がはじめて手を結んだ大掛りな国づくりでもあった。この作業には星野満州国総務司長、椎名調査局調査部長、秋永関東軍参謀、世良正一《せらしょういち》満鉄産業部次長など十四人のスタッフが参画し、九月のある日、撫順《ぶじゅん》炭鉱に近い保養地の湯崗子《タンガンズー》温泉で、旅館の一室にこもった。

星野の記録によると、

「計画を立てるタネは、参謀本部でつくった一枚の紙だった。詳細は覚えていないが、五年後の生産能力目標が書き入れてあって、鉄は二〇〇万トン、石炭は二〇〇〇万トンといったような数字であったと記憶している。紙は一枚でも、集まっている人は、満鉄、満州国にあって産業開発に日夜頭を悩ましている連中なので、早速五か年計画の立案に着手した。三日間、昼夜をかけて話合いを進め、基礎案をつくりあげたときは、立派に一冊の本になっていた」(『見果てぬ夢』)

という。その直後の十月、岸は満州入りし、五か年計画実施の主役を演じることになる。

岸の渡満と入れ替りに、この年の十二月末、総務庁長官に就任したばかりの星野は、五か年計画の部厚い資料を抱えて東京の陸軍省に現われ、日満両国政府の窓口といわれた対満事務局にこの資料を持ち込んでいる。岸も文書課長のころ、同事務局の有力メンバーに加わっていた。

当時、陸軍省軍事課満州班長として事務局の会議に参加していた片倉衷の証言。

「この事務局は昭和十年に発足したが、岸はそのころから満州に渡るまでここに出入りしていた。私も会ったことがある。これより前に満蒙委員会があり、岸はそこにも出席していたのではないか。彼がいつごろから渡満する気になったのか、よくわからんが、いろんな動きの中でだんだん満州に行く気が出てきたのではないか」

商工省の吉野・岸閥と二・二六事件

話は前後するが、昭和七年夏、満州入りした星野らが抗日ゲリラの襲撃におびえながら税制の確立や通貨の統一と格闘していた頃、岸は商工省で工務局工政課長のポストにいた。当時、商工次官は吉野信次で、工務局を中心に吉野閥を作っていた。

鳥谷寅雄によると、

「そのころ吉野さんの部屋にハンコをもらいに行くと、かならず一回は叱りとばされたものですが、岸さんだけは怒らないという伝説があった。私は商務局育ちだったので工務局畑の連中の威勢のよかったことはよく知っているが、そりゃもう吉野さんは省内に君臨していましたよ」

という。昭和八年十二月、岸は文書課長に就任した。北野重雄の記憶ではこうだ。

「岸さんはよく大きな声を立てて笑う人だった。外部の人からは、吉野・岸閥と呼ばれていましたが、これに対立する派閥があったわけではなく、このラインに入らないとダメという空気が圧倒的に強いほど、隠然たる力を持っていましてね」

昭和十年春、星野は東京に出張した折、商工省に吉野を訪ね、満州への人材派遣を頼み込んだ。

「満州も第一期を終わって、これからは本格的に経済、産業の開発を行なう時期に入った。産業開発の計画を立て、これを実行するにあたっては、よほどの人材が必要だ。今の陣容ではもの足りない。商工省はもっと本気になって人物をよこしてほしいのだ」

「ボクの方は、満州国で特許制度を創設するために、適当な人をよこしてくれというので、今の陣容（椎名らのこと）を送った。あの陣容で一国の産業計画をやれ、というのは樹によって魚を求めるようなものだ。正式に話があれば、すぐ応じますよ」

と吉野は快諾したが、さらにつけ加えていった。

「人を商工省の若手に求めれば、岸君が最も適任でしょう。他にはいないともいえる。ただし、本人が満州に行く決心をするかどうか疑問だが……」

省内に君臨する吉野・岸ラインにかげりがみえはじめたのは、翌十一年の二・二六事件の時である。岸はもっとも華やかなポストの工務局長に昇進していた。

『伝記・吉野信次』によると、その前後の経緯は次のようなことである。

「二・二六事件が起きて、二、三日やっているうちにだんだんおさまってきたが、役所の中でなんとかしなくてはと会合が始まった。が、吉野次官はのけものだった。

吉野は商工省の次官を五年つとめ、役所の中枢を握り、商工省というものは自分の手で抑えているという自負心をもっていたが、この事件に直面して、自分のもつ省内統制力に対する自信が、あやしくなってきたのを感じた。役人の世界も事件によって非常なショックを受け動揺した」

二・二六事件の背景となったのは、恐慌による社会不安と汚職に象徴される政党政治の腐敗、なすべきを知らぬ弱体内閣への不満であった。決起した青年将校たちは北一輝《きたいっき》、大川周明《おおかわしゅうめい》らの国家社会主義思想の影響を強く受けていたが、新官僚と呼ばれた若手中堅官僚の中には、これらの青年将校たちに思想的共感を示した者が多く、指導的役割を果たしたのが、軍部では鈴木貞一《すずきていいち》（元企画院総裁）、新官僚では岸信介、迫水久常《さこみずひさつね》（元郵政大臣）らだった。

岸はとくに早くからの統制経済論者として青年将校らの間にも知られ、商工行政における手腕だけでなく、思想面でも若手軍人に人気があった。しかし、事件の一か月後に、商工大臣、川崎卓吉《かわさきたくきち》が急死、後任に小川郷太郎《おがわごうたろう》が座った。小川は、直ちに吉野閥の一掃に着手した。

北野重雄が語る。

「その頃はことあるごとに小川大臣と吉野さん、岸さんとは衝突していましたね。対立の原因は、大臣からみて、商工省が吉野・岸ラインに牛耳られているのが面白くなかったのでしょう。とくに大臣は学者出身（元京都帝大教授）でしたから、高飛車に出たのだと思いますよ」

吉野は戦後の四十六（一九七一）年五月六日死去した。東京の日本工業クラブで開かれた「吉野信次追悼のつどい」に岸は出席して、次のように話している。

「吉野さんと私とは、商工省をやめる時に同じ日に二人で、吉野商工次官の机に面と向って辞表を書いたのであります。私はそれによって満州国へ行き、吉野さんはおやめになって、たしか東北振興会社の総裁に行かれたと思います。それが（昭和十一年）九月の十七日か何かじゃないかな。吉野さんの誕生日なんです」

吉野、岸の辞職を当時、世間は小川郷太郎によるクーデター人事だ、などと批評した。岸は追われてやむなく満州に活路を求めた、とみられないこともなかった。しかし、この見方は一面的にすぎる。

吉野・岸退治は、岸が渡満を決意するきっかけの一つにはなったかもしれないが、岸はそのずっと以前から、満州経営を視野の中に置いて、周到な準備を重ね、自身の出番の時期が熟すのをうかがっていた。

東京にあって、岸ほど満州の知識と情報を正確につかんでいた官僚はいなかったのではないか、と思われる。産業開発五か年計画を練り上げる基礎になった満州の資源調査にしても、先発の部下、椎名悦三郎らの手でまとめられていた。

椎名は満州入りしてまもなく、実業部に臨時産業調査局を新設し、初代部長におさまると、満鉄調査部と協力して、満州大陸の調査大作戦を展開した。

そのころの模様を、椎名はのちに、

「三年計画で四〇〇人の人材を集め、カネはざっと一〇〇〇万円かかった。

今の一〇〇億円以上の金額だった。調査活動は困難ではあったが、私も飛行機に便乗して写真調査に立ち会ったり、必要とあればどんな奥地にもでかけていった。特に森林調査では、ドイツ製の特殊カメラを使って飛行機から写真をとりまくった。これを使うと、森林のでこぼこがわかり、樹齢までほぼ正確につかめるのだった。それこそオニがでるか蛇がでるかわからないような匪賊地帯を踏破し、各地でダム建設の可能性を探索した」（『私の履歴書』）

と誇らしげに書いた。今日でも専門家が、

「コンピューターもないあの時代に、よくも集めたと思われるほど根こそぎ調べつくして

ある。しかも内容は現在も立派に通用する一級品だ」（小島麗逸《こじまれいいつ》）

部下の鳥谷寅雄に満州行きをほのめかしてから約二年後に新京入りを果たした時には、岸の才腕がフル稼働できる受入れ体制がみごとに準備されていた。それは計算しつくされた、もっとも効率的な渡満だったといえる。

第3章　関東軍との密着

「満州のための岸」か「岸のための満州」か

岸の満州入りは三十九歳のときである。単身赴任だった。最初の肩書は満州国政府の実業部総務司長だが、すぐに実業部次長に昇格している。

実業部というのは、日本でいえば通産・農林省にあたり、当時は総務、農務、林務、鉱務、工務、商務、拓政の七司と、商標局など六局で構成されていた。次長は次官であり、岸の上に丁鑑修《ていかんしゅう》（のちに満州国参議）という満州人の大臣がいたが、植民地経営を円滑に進めるための、いわば置きもので、実業部だけでなく各部とも次長が実権を握っていた。

つまり岸は産業行政の最高責任者として満州入りしたのである。

岸よりも二年先に満州に渡り、司法部刑事司長を勤めていた前野《まえの》茂《しげる》（のちに岸のもとで総務庁人事処長）は、当時の満州の内情と岸登場の背景を次のように語った。

「建国以来、満州の日本人の間には関東軍も含めて国全体に北一輝の思想が浸透していて、それは一言でいえば資本家の手を借りずに国家の建設を進めようという考え方だった。

昭和八（一九三三）年二月に満州国経済建設綱要なるものが採択されていて、それに基づいて経済建設が行なわれていたのです。しかし、資金不足は否定できず、カネはほしいが日本で顕在化しているような資本主義の弊害は持ち込みたくないというジレンマに陥っていた。満州は資本家の手を借りずに、といったきれいごとではどうにもならなくなっていたが、日本の財界は自由経済を否定している満州に不安を感じ、満州進出を手控えていた。

そこで、資本家に任せるという方法をとらないで満州の経済を固めるにはどうしたらいいかということになり、商工官僚の中で非常に嘱望されていた岸さんを呼び、彼に任せて上からの統制によってやっていこうということになったのだと思いますね」

送り出す日本も、待ち受ける満州も、岸という商工畑の逸材に、満州国経営のゲタを預けたも同然だった。「満州のための岸」であると同時に、「岸のための満州」といってもいいような絶妙の空気ができあがっていたのである。

それだけに、岸は注視のマトにされた。

「岸さんが満州にくる直前には、優秀な官僚が日本からやってくるという前評判が立っていた。岸さんの名前は、その秀才ぶりとともにくる前から満州では相当有名で、下級官吏の間でも話題になっていたくらいだった」（木田清《きだきよし》、昭和七年から満州国官吏を勤め、当時は人事処人事科長。戦後、山形県新庄市市長。哲学者、木田元《げん》の父）

「見たことは一度もなかったが、当時つきあいのあった日系下級官吏が、『岸という凄腕の役人が内地からやってくるそうだ』とか、『今度内地からきた岸という男は大変な切れ者らしいぞ』という話を耳にしたことを覚えている。何をやり出すか分からない男というイメージで、尊敬と警戒の目で見られていた」（弘田競《ひろたきそう》、当時、満州の特殊会社、国際運輸勤務。高知県立図書館編集委員）

岸の威名は、到着前から中央政府の役人だけでなく、町の一サラリーマンにまで響き渡っていたということだ。

商工省時代に岸と接触をもち、一足先に渡満していた鳥谷寅雄は、商工省出身の役人仲間と赴任してきた岸を新京駅に出迎えたが、

「そのときはカトンボのように痩せていて、体も弱っているように見えた」

という。満州で初めて岸と知り合い、仕えた武藤富雄《むとうとみお》（当時総務庁法制処参事官、のちに弘報処長、明治学院名誉学院長）の記憶も、細身の特異な面相に残っていた。

「岸さんに最初に会ったのは彼が満州に渡ってきた直後の次長会議だった。私は末席から見ていただけだったが、当時、内地の商工省から岸信介という若くて優秀な男がきたと話

題になっていたので、注目して見てみると、なんと歯の出っ張った鳥類のようなやせ男で、へえーこれが岸か、と思ったもんです」

歯と目と耳が秀でた岸の容貌は、それだけでも周囲に強烈な印象を与えた。最初に手がけた仕事の一つは、軍部との意思疎通だった。

岸はまず関東軍司令部に顔を出した。時の参謀長は板垣征四郎《いたがきせいしろう》中将（のち陸軍大臣、極東軍事裁判で絞首刑）である。初対面の板垣に岸の切りだし方は一風変わっていた。

「私は別に日本の役所を食いつめてきたわけではないのです。私が見るに、関東軍が満州国の治安を維持するのに重大な責務があることはわかる。しかし経済、産業の問題はわれわれ役人が分担してやるべきだと思うから、軍人はそういうことに携わらないでもらいたい。それゆえ少なくとも経済、産業のことは私に任せてもらいたいのだ」

さらに、こう岸はつけ加えた。

「満州建国の根本方針は関東軍の指示に従いましょう。しかしここに来てみると、第一に司令部の廊下に商人どもが出たり入ったりしている。関東軍の権威のためにもああいうのはボクの方へよこしてもらいたいですな。そんなやり方が困るというなら、ボクでなく適当な人に来てもらってもかまいません」

着任の挨拶にしては、意表をついた口上である。泣く子も黙るといわれ、満州国の実権を掌中にしていた関東軍のボスに、これだけのことがいえる自信とふてぶてしさが岸にはあった。岸はこの場面のことを、戦後、寄稿文で『わが叛骨の歴史』(「日本経済新聞」昭和二十九年十月二十六日付)の中で紹介し、

「そのとき板垣氏は『いや遠慮なくやってくれ』ということだった。たいていの人は軍人の下で仕事をするのをいやがったが、ボクは参謀長にそう念を押して一々の指図を受けなかったので何ともなかった」

と得意気に書いた。

かつて関東軍参謀だった片倉衷らは、

「そんなことをいえたはずがない。(板垣と岸では)格が違う。全くあり得ないことだ」

と一言のもとに否定するが、岸の言葉どおり、その後の岸と関東軍の間柄はきわめてスムーズに推移し、特にトラブルも起きなかった。

岸が赴任したころの関東軍は、植田謙吉《うえだけんきち》司令官(大将)を頭に、参謀長の板垣、憲兵隊司令官の東条英機らが構えており、一二個師団と二飛行機集団、一騎兵旅団、一三国境守備隊、九独立守備隊などをひきいて、ざっと七〇万人の巨大な陣容だった。

建国直後の昭和七年三月中旬、当時の司令官本庄繁《ほんじょうしげる》中将は、執政職にあった溥儀《ふぎ》(のちに皇帝)との間で「日満共同防衛のため関東軍が無期限に満州に常駐する」との秘密協定を結んでいた。満州国政府の日本人官吏に対しても実質的な任免権を握り、「内面指導」と称して満州国の行政に直接、間接に介入、事実上満州国を支配していたのである。

阿南惟幾が「一切まかせる」と

そうしたオールマイティともいえる関東軍を岸は巧みに操作した。岸の部下だった古海忠之の証言によれば、

「岸さんは関東軍に対しては事前に手を打って摩擦や衝突の起こらないようにしたうえで、仕事を進めていくというやり方をとっていました。満州では誰でもそうやりますが、岸さんの場合は、水際だっていましたね」

という。鳥谷寅雄に次のような体験があった。

「ある時、私の作った計画案と関東軍の意向が対立したため、岸さんに『私は辞めます』といったんです。岸さんはムッとした表情で『一晩ボクも考えるからキミも考え直せ』という。翌日会いに行くと『どうだ、この線で』と岸さんの案が示された。それをみると、ほとんどこちらの要求が取り入れてある。しかも軍とはうまく調整がつけてありましたね」

鳥谷はしかし、岸が満州を去ったあと、物資動員計画の中で、満鉄の機関車を使うか使わないかをめぐって再び関東軍と対立した。

秦彦三郎《はたひこさぶろう》参謀副長に呼びつけられて怒鳴られ「それでもイヤだ」と突っぱねると、その場でクビになった。

岸信介を中心とした満州国日系官吏の人事配置図

（昭和13年を中心に。人名の肩書きは昭和54年当時）

㊟岸信介をとりまく満州国日系官吏の人事配置を明らかにしたものであり、同一時期に下記の人事が並列的に存在したとは限りません。

- 皇帝　溥儀
  - 宮内府
  - 皇室大典委員
  - 侍従武官処
  - 立法院
  - 法務院
  - 検察庁
  - 尚書府
  - 国務院（総理　張景恵／秘書官　松本益雄）
    - 総務庁　長官　星野直樹（現役引退）／次長　岸　信介（衆院議員）
      - 官房　官房長　木田　清（山形県新庄市前市長）
      - 企画処　処長　松田令輔（東急ホテルチェーン会長）／○参事官　内田常雄（衆院議員）／○参事官　高倉　正（自民党政調会参与）
      - 法制処　処長　青木佐治彦（現役引退）
      - 人事処　処長　前野　茂（現役引退）／前処長　源田松三（広島県加計町町長）
      - 主計処　処長　古海忠之（東京卸売センター社長）／前処長　飯沢重一（弁護士）
      - 弘報処　処長　武藤富男（明治学院名誉学院長）／○参事官　高橋源一（現役引退）
      - 統計処　処長　満州人
    - 企画委員会
    - 内務局　長官　御影池辰雄
    - 外務局　長官　満州人
    - 興安局　総裁　満州人
    - 治安部　次長　薄田美朝（故人）
    - 民生部　次長　神吉正一（故人）
    - 司法部　次長　及川徳助
    - 産業部　次長　岸　信介＝兼任
      - ○鉱工司長　椎名悦三郎（衆院議員）
      - ○文書科長　始関伊平（衆院議員）
      - ○事務官　石田芳徳（日本原子力発電顧問）
      - ○事務官　鳥谷寅雄（国際ビルサービス社長）
    - 経済部　次長　西村淳一郎
    - 交通部　次長　飯野毅夫（航空振興財団会長）／前次長　平井出貞三（現役引退）
  - 参議府

鳥谷は当時、産業部機械工務科長だったが、関東軍は満州からの退去命令まで出して追い討ちをかけた。関東軍のすさまじさを物語る挿話である。

また、一説によると岸は参謀長の板垣に着任挨拶をした際、

「私は陸軍省兵務局長、阿南惟幾《あなみこれちか》さん（のちの陸軍大臣、敗戦時に自決）から『お前に一切任せる』という一札をとってきている」

とすごんだとも伝えられている。

石田芳穂《いしだよしほ》（元満州国総務庁参事官、日本原子力発電顧問）はその「阿南の一札」説について、こう証言した。

「私は岸さんから助けられたことがあったのです。実業部の重工業科にいた時、八幡製鉄の平田という人から、関東軍司令官の植田さんに対して『東辺道（満州東部の地名）産の高品質の鉄をくれ』といってきた。私はこのことを新聞記者にもらし、『ただの一トンたりともやれん』といったのが新聞に出てしまった。

軍の意向に反したというので、関東軍の参謀にさんざん調べられたあげく、辺境の地へ左遷されることになった。その辺地は共産匪賊《ひぞく》の巣窟といわれ、生きて帰れた人はいないといわれたほどひどいところでした。

すっかり怖くなって椎名悦三郎さんに相談したところ、椎名さんは『岸さんのところへ行こう』と連れて行かれましてね。岸さんは『オレは日本を発つ時、阿南さんから満州の

産業計画は、すべておまえに任せる、といわれてきてるんだ。それはオレに任せておけ』という。またそのとおり関東軍にいったそうで、私は左遷されずにすみました。岸さん、椎名さんも結局譴責《けんせき》処分は受けたのですが、この時の岸さんを見て、関東軍に対しても堂々とものの いえる人なんだなあ、という強い印象をうけました」

阿南の名前を岸が出したことについて、旧軍関係の長老格でもある有末精三（のち参謀本部第二部長）は、

「それは陸軍省の山脇正隆《やまわきまさたか》整備局長の筋だろう。岸さんを満州に呼ぶというのは関東軍の強い意向でもあったが、その中心となった秋永月三参謀も整備局にいた。車両を扱うから商工省とは密接な関係にあったわけで、秋永は課長時代の岸さんとのつながりがある。そして山脇さんは阿南さんと非常な親友だったからね。

そういう関係で阿南さんが送別会でもやったんじゃないかな。戦後、山脇さんが巣鴨を出た時に、私が先に出ていた岸さんに頼みに行って宴会をやったことがあったよ」

と岸と軍部との人脈を語った。満州に渡る前から、岸の陸軍内部への浸透はかなり徹底していたといえる。

こうして現地での岸と関東軍の結びつきは源田松三《げんだまつぞう》（元満州国総務庁人事処長、広島県加計町町長、源田実《みのる》の実兄）にいわせると――。

「満州政府との窓口でもあった関東軍の秋永月三参謀の岸さんへの惚れ込みぶりは大変な

ものでで、何ごとも岸さんを信頼し、頼っていたからぶつかるようなことは全くなかった。ことに軍は経済、財政に弱いうえに、岸さんの産業建設のやり方には文句のつけようがなかったと思いますね」

また、関東軍側からみても参謀の片倉衷のもとで政策立案などを通じ岸の仕事ぶりを知る立場にいた三品隆以《みしなたかゆき》（元関東軍第四課参謀）の印象はこうだった。

「関東軍は絶対的といっていいくらいの力を持っていた。ことに日系官吏の人事権を握っていたから、予算などでも有無をいわせず突きつけるという形だった。それでも岸さんだけは関東軍だからといってもの怖じするところがなく、正面切って物申すという姿勢で、相当土性骨のすわった男だと思った」

しかし、三品は別のこともいった。

「私と同列で片倉さんの部下だったヒラ参謀の連中はみんな岸さんを嫌っていた。岸さんには優等生官僚のニオイがプンプンするところがあって、エリートぶりをみせつけるようなところが、いやがられていましたね」

ヒラ参謀がどうであれ、岸が固く結びついた相手は、関東軍の実力者、東条英機（のち総理大臣、極東軍事裁判で絞首刑）である。

岸の周辺にいた高橋源一《たかはしげんいち》（元満州国総務庁弘報処参事官）は、

「彼は関東軍にうけがよかったし、気に入られるように振るまってもいた。満州で実権を握っていた東条参謀長とも、親しいというよりは岸さんが東条さんにうまく調子を合わせているという感じだった」

といい、平井出貞三《ひらいでていぞう》（元満州国交通部次長、日清産業社長）もこう証言している。

「岸さんは理窟の通らないことでも平気でやってのける人だったが、それがうまくできたのは軍と結びついたからですよ。軍人というのは名誉をほしがる。一方ではこれといってする仕事がなかった。岸さんはこうした軍人の気質と現状を巧みに利用し、うまく立ち回ったはずです。

それに、岸さんは満州へ来る前から政治家だったということではないですか。つまり、すでに軍部と手をつないでいたということです。そういううわさを当時よく耳にしました。とくに参謀長になる前の関東軍憲兵隊司令官である東条さんとは親しかったようですよ」

「酒と女はすごかったな」

岸はまた血気盛んな少壮将校との夜のつき合いも欠かさず、周到な気配りも忘れてはいなかった。当時の報知新聞新京支局長で、戦後も岸と近い小坂正則はそのへんのことを、

「酒と女はすごかったな。満州時代の岸さんは自分の家でメシを食ったことがなかったのではないかと思う。毎夜毎夜、芸者をあげて飲んでいた。軍人たちともよく飲むことがあったが、岸さんはおめず臆せずやるんだな。飲み方も非常にうまくて、関東軍との関係は、

こうした軍人との酒の交わりでも、ずいぶん自信をつけたのではないかと思う」

といっている。満州役人をやり、先に自民党幹事長をつとめた内田常雄《うちだつねお》（元満州国総務庁企画処参事官）も、

「とにかくあの頭の回転の早さ、物の運び方のうまさはズ抜けていたな。これには関東軍も一目も二目も置いていた。つけ入るスキを与えないという感じだった」

と述懐しているように、岸の関東軍対策はほぼ完璧だったといえる。着任早々、板垣征四郎に大みえを切ったとおり、最大のネックであるはずの関東軍の存在をほとんど感じさせないほど、岸は思いどおりの産業政策を次々実施に移していった。

それは関東軍の圧力とか、抵抗をはねのけて、というよりも、東条英機を事実上の頂点とした関東軍の権力と一体で推進したといったほうが適切だった。そして、この時の関東軍との関係、ことに東条や陸軍の中枢部に登っていった参謀たちとの人脈が、帰国後の岸の政治行動の大きな跳躍台となったことは確かである。

岸の上司だった星野直樹も、冒頭で紹介したように、

「当時、日本の政治の運営に多大の影響力のあった陸軍軍人、とりわけいわゆる少壮将校の人々と交誼をあつくし、その間にいく人かの同志を得た」（『岸信介来り又去る』）

と記しているが、関東軍との密着は、岸の人生設計にとって好ましい積極的な意味あいを持っていた。

やはり岸の先輩で、商工省時代に岸を引き立て、のちに満州重工業開発（満業）副総裁をつとめた吉野信次も、戦後になってある雑誌上で、当時のことを、

「最初から彼はなみの事務官ではなく、はっきりと政界を狙っていた。だから軍部とつるんだのだ。深入りしすぎてぬきさしならなくなったんだな。東条と岸があった背後には、死ぬ前にはいえぬある深刻な事情があったのだ」

と回想しているが、吉野が故人となったいまでは、その「深刻な事情」も知る由がない。

東条の政治資金を調達

東条と岸の結びつきにいま少し触れるため、話が先に飛ぶが、岸がわずか三年の在満のあと商工次官として東京に呼び戻されたのは、当時すでに陸軍の重鎮として中央にあり、満州の人事を一手に握っていた東条の強い要請によるものだった。岸が東条から買われ、また頼りにされた理由について、戦後も岸と親交が続いている福家《ふけ》俊一《しゅんいち》（元満州国機関紙「斯民」編集者、衆院議員）はこう解説した。

「岸は新官僚のリーダーとして、後に東条を支えた企画院グループの革新的な将校や官僚たちとも古いつきあいがある。そして岸は『戦争遂行のためには徹底的な経済、産業統制でなければならん』という判断と政策を満州に渡る前から持っていた。それを戦時下の満州で強力に実施したわけだ。日本へ戻ってからはさらに拡大、強化している。東条もその

実績を高く買ってたんだな。

とにかく、経済面では叔父の松岡洋右が満鉄総裁、産業面の総大将がやはり同じ長州人で遠縁の鮎川義介で、『満業』総裁だ。岸にとっては思いどおりに腕がふるえたはずだよ」

しかし、東条とはもっと深いところでもつながっていた。満州時代からの事情通、小坂正則の次の指摘はその片鱗を示したものとして重要である。

「岸さんは日本に帰ってきてから、ずいぶんと東条さんのために政治資金をつくってやった。翼賛選挙でも莫大な選挙資金を必要とするのに、首相である東条さんはああいう男だからカネがない。そこで岸さんは鮎川に頼んだ。鮎川は日産の株を満州投資証券へ譲渡する時、七千万円、確かな数字ではないが、そのぐらいを浮かせて鮎川の団体である義済会《ぎせいかい》（鮎川が昭和十七年に創設。満州開発に際し、財政・経済の研究を助成する組織）にプールしてあった。このうち三千万円ほど抜いて岸さんに渡し、岸さんはこれを東条に回してやったりした」

岸と東条、岸と政治資金の接点がはじめてここで出てくる。また元満州官僚のAは、

「岸さんは日本へ帰ってからも、満州の関東軍と密接な関係にあったある実力者にカネを送り続けていました。それと、東条だけでなく東京の軍部からもあれだけうけがよかったのは、岸さんが満州時代から軍閥にも資金を流していたのではないでしょうか。そう見るのが私は妥当だと思いますね」

ともらした。しかし、Ａは、

「実名を出されるのは絶対に困ります。カネの話以外のことは構いませんが、この部分は最低限匿名にしてください。岸さんはそういう話をいやがります。これだけは約束してほしい」

といった。

また、Ａのいう岸がカネを送り続けていた「ある実力者」については、意外な真相が隠されていた。そのことについては後述する。

第4章「満業」の創立

五か年計画の中心人物だった岸

岸は関東軍と深く結びつき、軍部との人脈を広げることに熱心だったが、満州の土地にも人にもほとんど愛着を示さなかった。岸にとって満州は経営と統治の対象であり、次のステップへの足場ではあっても、なじむ場所ではなく、いわんや骨を埋める気などなかった。

渡満後、九か月たらずの昭和十二（一九三七）年七月、満州国政府内で人事の刷新が行なわれ、岸は総務長官、星野直樹のもとで総務庁次長をつとめることになるが、当時の国務総理は二代目、張景恵《ちょうけいけい》である。

満州国が消滅する昭和二十年までの十年間、張総理の秘書官をつとめた松本益雄《まつもとますお》（終戦後ずっと亡命中国人の世話をつとめる）は、こう証言した。

「私が岸さんの姿をよく見かけるようになったのは、彼が総務庁次長になってからのことだが、総理という存在がいかに置きものだったとはいえ、彼ほど総理のところへやってこない総務庁次長というのも珍しかった。

同じ建物の中で仕事をしていて、総理室が三階、総務庁は二階だが、岸さんが総理のところにやってきたときのことをどうしても思い出せないのです。私の記憶にないということは、多分彼は一度もやってこなかったのでしょう。立案したものをもってこさせて決裁するのは長官の仕事だし、事務的な説明は各処長がするのが一般だったから、次長が総理のところへやってくる用事はないといえばないのですが、どの次長でも、年に一度や二度は顔を出した。ところが、岸さんだけは別でした」

ここで、満州国の機構に簡単に触れておかなければならないが、形式上の主権者は皇帝で、溥儀（清朝廃帝）がその地位にあった。皇帝のもとには一応国務院（行政）、立法院（立法）、監察院の三院制が布《し》かれた。しかし立法院は一度も開かれていない。

国務院をとり仕切る国務総理が、皇帝を補佐する唯一人の国務大臣だった。初代が鄭孝《ていこう》胥《しょ》、昭和十年に張景恵があとを継いだ。国務院には実業部（のち産業部）、司法部などの部制が布かれて、それぞれ大臣と呼ばれる満州人がトップに座ったが、実権は日系官吏の次長が握り、各部の次長会議が事実上の閣議となった。

また総務庁は、国政のほぼ全権を掌握し、長官、次長のもとに企画処、人事処（処長は日本の局長）などが置かれた。

当時、主計処長の古海忠之にいわせると、総務庁は、

「官庁ではなく、国務院の参謀本部のようなもので、日本人が主体となることになっていた」

ということだ。総務庁長官は実質的には総理大臣にあたり、岸が満州入りしたときの長官は大達茂雄《おおだちしげお》（戦後文部大臣）、次長が神吉正一（戦後弁護士）、大達のあとが星野である。

さて、事実上の副総理である総務庁次長におさまった岸が取り組んだのは、産業開発五か年計画の実施だった。岸の次長就任に先立って、十二年三月、陸軍省軍務局軍事課満州班長から関東軍参謀で満州入りした片倉衷は、五か年計画と岸の役割を次のように語った。

「計画の土台になったのは、『満州開発要綱』で、これは私が（東京にいて）書いたものだ。それをもとにして、宮崎正義《みやざきまさよし》と石原莞爾の手で五か年計画がつくられた。しかし、いろんな事情でなかなか実施するところまで進まなかった。それではこの中でやれるものからやろうということになって、二十二品目、二十七億円を抜き出し、私が満州を訪れて、関東軍に提示した。

これを受けて、関東軍の秋永参謀を中心に湯崗子会議が開かれたわけだが、岸は赴任してから遅れて参加するようになった。湯崗子会議のあと、五か年計画が関東軍から陸軍省

にもどされたのが十一年十二月、翌十二年三月に計画が決定され、やっと実施されることになった。この年の春から暮れにかけて、『満業』の設立問題が持ち上がってきて、五か年計画はレールの上を走り始めたのだが、このときには計画実施に要する予算も当初の二十七億円から七十億円もふくれ上がっていたのだ。五か年計画の実行段階で『二キ三スケ』という言葉がはやった。世間ではそういわれたけど、実際の仕事はボクらがやった。かならずしもこの五人で全部をやったわけではない。マスコミはさかんにうたっていたけれども……。

五人のうち、岸はいろいろとやった。五か年計画の実行という点での岸の功績は、やはり『満業』の設立にあたって、満州国政府をよくコントロールしてこの問題に協力させた、ということではないかな。それと、満鉄側には満鉄の子会社などを『満業』にとられることになるとずいぶん反対があったが、松岡洋右が満鉄総裁だったこともあって、そのへんのところも岸はうまくやった」

そのころの岸の働きぶりについては、関東軍と満州国政府側とで当然ながら評価に差があって、岸の周辺にいた日系官吏たちの見方は、一様に、

「満州の産業建設ということになれば、岸さん抜きには語れないほど、この方面での岸さんの実績には素晴らしいものがあります」（源田松三）

「五か年計画の実行では、岸さんはその中心人物として大将的役割を果たした」（古海忠

之）

となる。岸もまた、福家俊一が指摘したとおり、

「こういう時の産業、経済統制は私以外の人間にはできない」

という自負で固まっていたフシがある。

岸が総務庁次長に昇進するのとほとんど同時に日支事変が勃発し、「独走する関東軍」の姿はますます鮮明になっていた。東京では戦時体制に備えて、企画院が設置され、満州の産業五か年計画も戦時物資動員計画へと次第に性格を変えていく。星野はそのことを嘆いたが、岸にはぴったりの活躍舞台といえた。

だが、当時の満州の産業開発システムは、戦時に不向きだった。昭和八（一九三三）年三月に満州国経済建設要綱ができて以来、一業一社方式による特殊会社制度を中心に開発は進められていた。それを近代的な重工業国に切り替えていくためには大手術が必要である。

関東軍は五か年計画の策定とあわせて、満鉄と一業一社の特殊会社による開発方式を放棄しようと考えた。

昭和十一年秋、湯崗子温泉の会議で五か年計画が煮詰まりつつあるとき、関東軍は東京から鮎川義介（日本産業）、野口遵《のぐちしたがう》（日本窒素肥料）、松方幸次郎《まつかたこうじろう》（川崎造船）、津田信吾《つだしんご》（鐘淵紡績）、安川雄之助《やすかわゆうのすけ》（三井物産）、森矗昶《もりのぶあき》（昭和肥料）ら大手企業の社長連を招待し、満州

国内を視察させた。

満州に最も強い関心を示したのは鮎川である。鮎川は、

「これまでの一業一社方式より重工業の独占的経営体による総合方式が適当である」

との意見を述べた。

一方、陸軍省と参謀本部は、軍備の増強の柱として、自動車と飛行機の緊急増産を迫られ、一部を満州に肩がわりさせる構想を持っていた。大型企業の満州進出は不可欠のことになりつつあった。

鮎川義介の引き出し工作

岸はひそかに鮎川の引き出し工作に動いた。当時、総務庁企画処参事官だった高倉正《たかくらただし》（自民党政調会参与）は、

「岸先生の活躍ぶりということなら、まず第一に、満州重工業の設立、鮎川義介の引っ張り出しをあげなければなりません」

というが、それはあとからわかったことで、岸の隠密行動は徹底していた。当時の資料をみると、

「満州は建国当時、周知の通り『財閥入るべからず』の大制札を立ててしまった。その後、時勢の非なるを見て緩和はしたものの、まだ容易に資本家が進出できる域に達していなか

った。というのは、一方に国策会社、満鉄が八億の巨資を擁して厳然と構えている。他方には満州国の産業統制方針というものが目を光らしている。これではいくら口で『おいで、おいで』といわれてみたところで寄りつけるものじゃない」（『中央公論』十二年十二月号「鮎川の満州進出」）

という状況だった。

とりわけ満鉄の壁が大きかった。星野も戦後になって、

「日産の満州進出は、実質的において今まで多年満州の重工業開発の中心であった満鉄から、その地位を奪おうとするものとともとられた。従って満鉄側は、これに対してかなり執拗な抵抗を試みた。この抵抗を抑えつつ、日産の満州進出を実行することはなかなか厄介な仕事であった。

当時の満鉄の総裁は、松岡洋右氏であった。松岡氏も鮎川氏もまた岸君もみんな長州の出身であり、しかもよく知っている親しい間柄であった。ことに松岡氏と岸君は濃い親類の間柄であった。松岡氏は岸君のことを、いつも『甥の岸』と呼んでいた（著者注・松岡の妹藤枝《ふじえ》が佐藤松介《まつすけ》に嫁しており、松介は岸の父方の叔父にあたる）。また鮎川氏と松岡氏とは同年の生まれであった。二人は同じく長州の秀才として、幼時から郷里の先輩に注目され、相並んで世に出てきた間柄であった。

ところが、日産進出については、鮎川氏と松岡氏とは反対の立場に立ち、岸君は満州国

当局として、鮎川氏と同じ側に立った。岸君としてはなかなか難しい立場だと心配する人もあった。だが、岸君はそんなことは一向苦にしない。どしどし仕事を進めていくことに努めていた。日産の満州進出は良かったか悪かったかは、今さら論じてみてもはじまらない。しかし、その発案に岸君が参画し、その達成に大いに力をつくしたことは疑いのない事実である」（『岸信介来り又去る』）

と記した。注目すべきは、上司の星野が、日産進出という大仕事を、まるで自身には関係ない出来事のように傍観者的に構えていることである。

鮎川、松岡、岸の三人とも長州出身という閥意識を足がかりに、岸は相当に強引な個人プレーを展開したとみなければならない。古海忠之は、

「鮎川を満州に呼ぶということについては、岸さんは相当の働きをしているはずだが、詳しいことは分からないし、また分からないのが当然でしょう。一役も二役も買ったと聞いています。そのために岸さんは在満三年の間、日満間をしょっちゅう行き来してましたからね」

といった。片倉衷によれば、当時、軍用機なら五、六時間で新京から東京の立川飛行場にやってこられた。岸は軍用機を使って日満間を往復したこともあった、と片倉は記憶している。

実業部次長のころから、岸は空路上京しては日産本社の鮎川の部屋に姿を消した。日支

事変が激化するころから、回数が増え、ついに新聞記者にも発見された。

「岸さん、何でくるのか」

と聞かれて、岸はこともなげに、

「いや、例の問題でちょっと寄ったのだ」

と記者をケムにまいたという。新京で関東軍と事前調整しては東京にとんできて、鮎川をせっついた。

「あなたのカラダだけがほしいのです」

と岸がいい、鮎川は、

「オレ一人行っただけでは五分の一の仕事しかできない。日産の資産と株主を引き連れて行くから仕事ができるのだ。なるほど他の事業会社なら、工場を持っていくことは大変だ。まして鉱山を持っていくことはできない。しかし、日産は持株会社である。株券を積んでいけばいい」

といったことをぶった、とのちに鮎川が知人にもらしている。丸ごと満州進出の鮎川構想に満州側も乗り、細部の条件を詰めるために、岸はそのつど新京―東京を往復した。

これがきわめて高い政治性を要求される難交渉だったことは想像にかたくない。それだけに岸の隠密ぶりもうなずけるが、もっと困難な作業は、対満鉄折衝だった。

しかし、「満業」創設の舞台裏で、岸と総裁の松岡の間に、なにがあったかはナゾめいていてはっきりしない。満州関係者の間では、松岡が寸前までこの秘事を知らされず、「いかに関東軍の意向があったとはいえ、大物の叔父まで蚊帳《かや》の外において、ねじ伏せた岸は大変なものだ」

というのが、一般的な評価になっている。また、

「『満業』が誕生することを新聞発表の前日に初めて聞き知った松岡総裁は驚いて満鉄理事の中西敏憲《なかにしとしのり》を岸のところへ使いに立てた」（『岸信介伝』）

との記述もある。しかし、松岡の蚊帳の外説はどうにも不自然であり、そうつくろったあとがうかがえる。さきの星野の証言でも、岸が鮎川と松岡の間で調整役を果たしたらしいことをほのめかしているが、満鉄側から「満業」創立をみていた平島敏夫もこう語っている。

「鮎川さんがくることは松岡さんが満鉄の総裁になる前から決っていたと思う。私は昭和七年の二月、いったん内地に戻って衆院議員になったが、その頃松岡さんは政党解消論を唱えて鮎川さんらと一緒にこの運動に熱中していた。だから、この一件にしても二人は十分話はしていたと思いますよ。松岡さんはたしかに総裁ですから表面上は満鉄擁護の立場に立たれたが、むしろ本当は軍の暴走を心配しておられました」

また、松岡に近かった当時の「満州日報」記者、五百旗頭佐一《いおきべさいち》（神戸広告協会事務局長）は、

「私は岸さんとつきあったり直接話をしたこともなかったが、岸さんと松岡さんは非常に密接だった。しょっちゅう松岡さんにくっついて歩いていた。松岡という人は、自分の同郷人、つまり長州人を非常に可愛がる人だったこともあるが……」

と証言し、松岡と岸の往来が頻繁だったことを裏づけている。

そうだとすれば、「二キ三スケのうち二キは政治の実権を握り、三スケは経済、産業の実権を握っていた。この三スケがいずれも長州人で、鮎川は松岡と同期の桜であるだけでなく、遠縁にあたる。この三人の関係抜きに『満業』設立の真相を理解することはできない」（阿部真之助『岸信介論』）

という見方は迫力を増してくる。

三スケつまり鮎川、松岡、岸の三人だけが共有する秘話があり、「満業」は三者談合のうちに組み上げられていったのではなかろうか。表舞台と裏舞台を巧みに使いわけ、岸は談合の推進役を演じていた、という推定である。

財界の二・二六事件

ともあれ、昭和十二（一九三七）年十月二十九日、「満業」の設立は日満両国からいっせいに発表された。

「日満両国を打って一丸とする工業生産力の急速なる拡充は、戦時経済体制下における最大の課題として近衛内閣成立以来、つとに両国朝野の研究目標となっていたが……」

といった発表文だった。完璧な情報網を張りめぐらしているはずの三井、三菱、住友の三大財閥も事前にかぎだすことができず、新聞は、

「青天のへきれき」

「財界の二・二六事件」

などと書きたてた。こうして十二月二十七日には、日産は商号を満州重工業開発株式会社（満業）と改称、資本金四億五〇〇〇万円、満州国政府と日産が対等出資する国策会社として、満州にデビューしたのである。

しかし、満鉄はなおも抵抗した。星野とともに大蔵省から満州入りしていた松田令輔（当時総務庁企画処長、東急ホテルチェーン会長）は当時を思い起こしながら、興味深い体験を披露した。

「満鉄の反発は相当なものでした。しかし、岸さんは相当責任者としてハラをすえて取り組みましたね。いっさいの小手先細工や根回しもせず真正面からぶつかったのです。ご存じのように、時の総裁は叔父の松岡さん。椎名さんと二人で『親戚だから、ひょっとして満鉄と裏で通じているのではないか』とずいぶん心配したものです。

しかし、思い過ごしでした。事態が最も微妙な時期に、松岡さんが『オイ、信介はいるか』と、何の前ぶれもなくやってくることがあった。私たちは『いくら甥を訪ねるにして

も、ここは総務庁です。しかるべき手続きをして』と押し戻そうとしても、お構いなしにズカズカ乗り込んでくる。それでも岸さんは遠慮することなく、実に粘り強く交渉を続けました。松岡さんとの関係にピシッとケジメをつけていたのです」

だが、椎名や松田が最初に想像したように、「裏で通じていた」のが真相だった、と思われる。松田の証言は表舞台に類するもので、松岡の芝居がかった岸訪問は、椎名たちの懸念を吹き飛ばしておくための演出ではなかったのか。

それ以後の「満業」の歩みは、満州国の運命と同様、苦渋に満ちていた。鮎川が最初に構想したアメリカからの資本導入は、日中戦争で日本に対する世界の風当りが強まり、あやしくなった。

三年後の昭和十五年、駐満ドイツ公使W・ワグネルが持ちかけた「満州の大豆」と「ドイツの機械」とのバーターも、対英作戦のため戦備充実が第一だとするとヒトラーの反対に会って、破談に終わった。

ドイツからの帰途、鮎川は高熱を発し血痰まで出るほどの苦労をしながら、

「諸事、満州行きの初志は期待を裏切られ、私は完全に満州に望みを失った。満州に見切りをつける決心をしたのはこのときである」

と書いている(『私の履歴書』)。

鮎川を引き出した岸は、この前年十月、すでに東京に戻り、商工次官のポストにあった。

第５章　ある疑惑

岸の資金ルート

岸が役人放れしたスケールで満州国を切り回し、満州人脈をつくることができたのは、十分な資金の裏打ちがあったからだとみるのが自然である。

在満時期よりはかなりあとのことになるが、いわゆる『細川日記』の昭和十九（一九四四）年九月四日付の記述が、岸とカネの関係をたどる場合、きわめて示唆的だ。岸に関するクダリは、

「岸は在任中数千万円、少し誇大にいえば億をもって数える金を受取りたる由、しかもその参謀は皆鮎川（義介）にて、星野（直樹）もこれに参画しあり。結局この二人の利益配分がうまく行かぬことが、（東条）内閣瓦解の一つの原因であった。さすが山千の藤原《ふじわら》

（銀次郎《ぎんじろう》）が驚いて話していた」
とある。日記の筆者、細川護貞《ほそかわもりさだ》は肥後（熊本）藩主、細川家の当主で近衛文麿《このえふみまろ》の女婿。近衛の秘書もつとめ、東条内閣のころは高松宮殿下に各方面の情報や意見を伝える役目をした。

日記は高松宮に報告した政治情報のメモだが、細川は終戦後の極東軍事裁判で、「いっさい日記の類は持っていない」と証言したこともあって発表を控え、講和発効後の昭和二十八（一九五三）年に、『情報天皇に達せず』の題名で出版した。

東条と岸が対立し、それが東条内閣崩壊の誘因になったことはすでに知られており、岸自身も、

「私はサイパンの決戦の前に、東条さんに『とにかくサイパンで最後の決戦をやられてはどうですか。すべてをあげて』といったら、『そんなことは統帥の問題であって、おまえら文官にわかるものではない』、『いや、わかるわからないじゃなくて、軍需生産に責任をもっている者からいうと、もしサイパンがとられたら、B29が毎日、日夜を問わず日本を襲撃するだろう。そうすると軍需生産はできなくなるんだ』、『そんな大事な工場はみんな地下に埋めろ』、『あなたはそういわれるけれど、そんなことは一日にしてできるものではない。だからここでサイパンがとられたら、どうにも手がつかんじゃないか』と、こんなやりとりになった」

「サイパン陥落のあと『この戦争の状態をみると、もう東条内閣の力ではどうしようもない。だからこの際総理が辞められて、新しい挙国一致内閣をつくるべきだ』ということでがんばった」（『毎日新聞』五十二年五月十一日付「岸信介回想録」）

と自慢気に語っている。つまり、サイパン決戦論の岸と本土決戦論の東条との対立だった。しかし、『細川日記』は意外な面が隠されていたことを指摘しており、この記述について、昭和三十四（一九五九）年の衆院予算委員会で山口県出身の社会党・今澄勇《いまずみいさむ》が追及したところ、当時総理大臣の岸は頭から否定した。

「私は細川君の著書の中にそういうことがあったということは、今澄君が（日記を）読み上げられたことによって知ったのでありますが、事実は全然そんなこととありません。私はいかにもそれが事実のごとく書かれておるということの良心を疑いたいと思う。私自身は絶対にありませんから、いかなるところにおきましても、それは明瞭にすることができると思います」

と岸は答えている。細川が、記録に残した情報の真偽は、いまでは確認のしようがない。だが、東条、岸、星野、鮎川という満州人脈とカネを結びつけて記していることに着目しないわけにはいかない。

さらに『細川日記』の昭和十九年十月十六日付の個所をみると、次のように書かれている。

「朝、K君を訪問、談たまたま東条に及びたるに、彼は昨年、中華航空にて現金を輸送せるを憲兵隊に挙げられたるも、直ちに重役以下釈放となりたることあり。これはその金が東条のものなりしを以ってなりとのことにて、以前より里見《さとみ》某なるアヘン密売者が、東条にしばしば金品を送りたるを知り居るも、恐らくこれならんと」

ここでは東条の金脈ルートに中国が関係していたらしいことと、アヘンとのからみが臭ってくる。

満州時代から岸と東条の仲が深かったことは知れ渡っていたが、すでに述べたように日本へ帰ってきてから岸は東条のために政治資金づくりをやったらしく（小坂正則の証言）、さらに満州時代にも岸は東京の軍閥に資金を送っていた気配が濃厚だという（匿名希望のAの証言）。

これらの証言と『細川日記』の驚くべき記述は、どこかで交差するのだろうか。また満州時代の岸は、どんなルートで資金を調達し、どこに流していたのだろうか。

かつて岸に仕えた木田清は、

「満州では政治資金というような特別なカネは全く不要でした。多数派工作をすることもなかったし、公的に認められた工作費もちゃんとありました。岸さんぐらいになると相当の金額のカネを自由に使えたはずです。

岸さんがそうしていたかどうかは知りませんが、満州浪人とか、ゴロツキのような連中に小遣いをやるような雰囲気がありましたが、その程度は造作のないことだったと思いますよ。ウラ金という点では関東軍の使い方は凄かったですね」

といい、福家俊一は、

「岸さんはカネには全く不自由しなかったと思う。それは満州の経済、産業を握っている松岡、鮎川という両大御所がバックにいたんだからな。松岡さんなどはかなり気前のいい人で、ボクなどずいぶん可愛がってもらっていた。よく小遣い銭をもらったしね」

と語った。毎夜毎夜、料亭での飲みっぷりといい、岸はカネに不自由しなかっただけでなく、相当のカネを自由裁量で動かしていたことは間違いない。

甘粕正彦に一千万円を調達

武藤富男には、こんな経験がある。

「私は岸さんから毎月二〇〇円の小遣いをもらっていたことを覚えています。当時の満州といえどもカネの使い方は予算で決まっていましたから、領収証のとれない使途不明のカネを自由に捻出することは、たとえ総務庁次長でもそう簡単ではありません。私は毎月二〇〇円ものカネをポンと渡してくれる岸さんをみて、『これはなかなか豪気な人物だな』と思うと同時に、『何かの名目をつけ、ある程度のカネを自由に使う方法を知っているんだな』と感じました」

鳥谷寅雄は、

「満州国も大臣に機密費の制度をとり入れましたからね。次長は大臣と同じですから、それに岸さんには他の役人にみられない太っ腹なところがありましたからね」

といい、昭和十二年八月上海事変が勃発した時のある体験を話した。当時の中支派遣軍司令官は松井石根《まついいわね》大将だった。

鳥谷は、岸にこう進言した。

「松井司令官に会って話を聞けば、今回の事変が長期になるか、短期で終わるか、およそ見当がつくと思う。私を上海へ行かせてください」

話を聞いて岸は、

「そりゃいい。しかしお前一人ではナニだから三人で行ってこい」

と答え、その場で三人分の旅費を渡した。さらに鳥谷は帰ってきて岸に、

「これはどうも長期化するようです。北支に臨時政府ができるだろうから、まず満州国としてはこれへの応援をしなければならなくなります。それをどうやればいいかを考えなければならんと思いますが……」

と報告した。岸は鳥谷に検討のためのプロジェクトチームをつくるように命じた。鳥谷の体験は続く。

「それで、政策大綱などをあっちからもこっちからも人を集めてつくりました。あとで大

本営から大佐が派遣されてきて、説明を求められたほどでしたよ。そういう時のカネもまあ、役所から出したんでしょうが、そういうことを平気でやる人でしたね。ふつうの役人では、とてもそんなことはしませんよ」

そして、

「カネづくりとなると、大抵の場合には岸さんに頼もうということになりましてね」

といいながら、古海忠之が明かした次の秘話はきわめて示唆に富んでいた。

「たとえばこんな話がある。甘粕正彦《あまかすまさひこ》の排英工作……。要するに特務だな。この甘粕のために岸さんが一千万円つくってやったことがある。実は、私たちは妙な会をつくっていた。メンバーは岸、甘粕、椎名、鮎川、大蔵入省同期の青木実《あおきみのる》（満州国経済部次長、戦後は合同証券会長、水戸常盤銀行社長）、飯沢重一《いいざわじゅういち》（主計処長、戦後は弁護士）、それに私など一〇人ぐらいで、岸さんと甘粕が中心的存在だった。会の名前はなかったが、アジア政策をどうするか、日本での情宣活動はどうあるべきか、ということを皆で話し合っていた。懇談だけにとどまらず、具体的な行動もとった。日本の新聞の乗っ取りを企てたり、甘粕の中国での排英工作を支援したりした。そういう意味では会というより一派と呼んだほうがふさわしかった。新聞の乗っ取りは、はじめ報知新聞か国民新聞のどちらかのつもりだったが、これは結局成功しなかった。しかし日本の新聞ではないが、大陸新報（上海での邦字新聞）は乗っ取った。この大将を甘粕にするつもりでしたが、福家俊一を社長にした。

そして甘粕の排英工作資金のことですが、この工作の必要性を岸さんも認めていた。ところがそのための資金が足りないという問題があった。

甘粕という人はたくさんのカネを持っていたが、使う方もバカ大きくて、そういう意味では、ケタ外れのスケールを持ってましたね。大量の工作資金を必要とするのに、甘粕は決して自分で資金づくりをしない。そのため、ずいぶん私どもも甘粕のために資金づくりをしたものです。甘粕には総務庁の機密費を使ったのだが、星野さんが総務長官になって『機密費の流用はまかりならん』ということになり、甘粕は排英資金の調達に困ってしまったわけです。それで甘粕から頼まれて私が岸さんに取りついだんです」

古海の記憶によれば、その時の岸とのやりとりはこんな調子だった。

「甘粕が困っている。一千万円必要だといっている」

「何か担保はないか」

「鉱山の採掘権を持っている」

「そうか。採掘権さえあれば大丈夫だ。それくらいは大したことではない。いままで一度も鮎川からしぼったことがないから、あの男からとってきてやる」

一千万円といえば今のカネに換算しておよそ百億円以上の巨額。「それくらい大したことはない」という岸の感覚は常人離れしている。古海も、

「とにかく、それだけの大金の資金づくりを、あっさりその場で引き受けたのです。結局、

岸さんは鮎川に甘粕の採掘権を一千万円で売りつけたわけです。甘粕は満州建国の功労で関東軍からあちこちの鉱山の採掘権をもらっていたのです。その後、鮎川は岸さんの斡旋《あっせん》で甘粕にカネを出し続けていました」

と語り、岸の資金づくりの度胸と、その凄腕《すごうで》に驚嘆させられたことを告白した。

ここに登場する甘粕というのは、関東大震災の時、無政府主義者大杉栄《おおすぎさかえ》を殺害したことで有名な陸軍憲兵大尉、甘粕正彦である。事件のあとフランスに亡命、そのあとどういう経緯からか満州に腰をすえ、国づくりに参画した。

当時の満州を知る人たちの間では、甘粕の人物評価は大変に高く、特異な実力者だった。満州映画協会（満映）理事長、満州国政府顧問などに就任している。

やはり岸の部下だったAによると、甘粕は、

「とにかく、大変な文化人だったですよ。いつも女優がそばにいてね。満映のほかに謀略をやっていたんです……。大東公司なんていうダミーをつくったりしてね。まあ、満州国のカゲの帝王ですよ。それと、軍事内閣（東条内閣のことか）のスポンサーでもありましたね」

という。また元記者の小坂正則もこういった。

「なかなかの実力者で、何かしようとする者は関東軍に出入りするよりも甘粕個人のところに日参するほどだった。満州国政府もカゲで支援していた。バックに東条英機がいた。

相当なカネを持っていたので、ボクももらっていましたから」

そして匿名希望のAが、

「岸は日本へ帰ってからも関東軍と密接なある実力者にカネを流していた」

ともらした「ある実力者」が甘粕であることもあとでわかった。

アヘン・ルートの謎

Aの話が古海の証言する鮎川—岸—甘粕のルートのカネを指しているのか、岸からの直接ルートだったのかは不明だが、甘粕の資金源についてAは、

「資金のうち一番大きかったのは東条英機から入ったカネだった」ともいった。

とにかく、甘粕をめぐる莫大なカネの流れに、東条、岸らが介在していることは確かだが、出入りの関係は複雑に交錯しているようではっきりしない。その甘粕と岸について、

「非常に親しかった。岸さんは甘粕を高く買っていた」

と古海は証言した。さらに福家俊一がもらした次の話は古海証言と食い違う部分もあるが、重要である。

「甘粕という男は、大杉栄殺害の非文化人のように思われているが、これは間違いで、驚くほどの文化人だった。軍部随一のフランス通でもあったのでフランスに亡命したんだ。それと甘粕はカネがありあまって仕方がないほどだった。岸さんが一千万円つくってやっ

たなんて信じられんな。それは満映設立資金のことじゃないか。あれがたしか一千万円だったはずだ。理事長に甘粕をすえたのは岸さんだったからね。とにかく甘粕がカネに困ったなんてことはない。

というのは、実はこれは極東軍事裁判でオレも国際検事団からさんざん調べられたことだが、アヘンのあがりが莫大だったんだ、甘粕さんは。里見某という男が上海でアヘンの総元締めをやっていた。このアヘンはインドのベルナス・アヘンで英国の軍艦が堂々と上海に陸揚げするんだ。臨検などできやしない。それを里見に売る。英国にとっては大きな財源だった。英国は国際連盟で『アヘンは人類の敵だ』なんて叫んでいながらウラでこんなことをやっていたんだね。これこそ国際的謀略だよ。

それはそれとして、その莫大なアヘンのあがりが軍事機密費として使われた。関東軍が一株、満州国政府が一株という形で、甘粕もその一株を持っていた。それが当時のカネで月八〇万円にもなった。月にだよ。だから甘粕は満州国の役人や軍人が内地へ出張する時には、飲むなら赤坂の『長谷川』、泊りは帝国ホテルにいけという調子で、あとから一括して支払ってやってたほどだ」

さきの『細川日記』で、東条に金品を送った「アヘン密売者、里見某」が、この福家証言で姿をみせる。さらに里見某の名前は極東軍事裁判にも登場した。

昭和二十三年二月の法廷において、国際検事団はＡ級戦犯容疑者、星野直樹の罪状朗読

の中で、
「一九三八年（昭和十三年）から一九四五年（同二十年）まで、北支派遣軍の特務部の下で、中国においてアヘン作戦を実行した証人サトミは、一九四〇年（同十五年）まで彼によって販売されたアヘンは、ペルシャ製のものであったが、その後彼は満州産アヘンを販売したと証言した」（極東国際軍事裁判記録第三七二号）

と述べている。また、この法廷で検事団は、

「一九三九年（昭和十四年）奉天総領事は、この年のアヘン売却額は九〇九〇万八〇〇〇円に累増したと報告し、アヘンは関税につぐ満州国の財源であることを記している。彼は一九四〇年における生アヘンの買入は四三四七万円に達するであろうこと、また純益は五六〇〇万円と評価されると述べた」

と追及し、証拠書類、供述調書などを提出した。アヘン資金は、満州国の経営に深く根を張っていたのである。

その莫大な資金量をめぐって、満州人脈がうごめいたことも確実だ。しかし、日本の近代史において、満州国が敗戦とともに大きなナゾを残したまま忘却のかなたに追いやられようとしているように、満州とアヘンの関係もまたヤミの中に消えようとしている。

中国経済史研究家、小島麗逸はアヘン・ルートの一つをこう説明した。

「問題は機密費です。これは仮説ですが、機密費がアヘンの利益によってまかなわれてい

る疑いが濃いのです。

当時、満州には中国からたくさんの労務者が出稼ぎにきていました。一番多く送り込んでいたのは山西省で、ピーク時には年間一〇〇万人ぐらいきています。ところが彼らは劣悪な環境の中でたくさん死んでいきました。死ぬとたちまち被服をはがされ、金歯も抜かれる。これは仲間たちが奪ってしまう。しかし、遺体は中国では土葬の習慣があるので、貨車につんで故郷へ送るんです。その時に死体の腹を裂いて、熱河省で採れた生アヘンを詰める。

現地にももちろん受け手がいて、これを取り出すわけですね。こういう仕事を関東軍の特務機関の連中がやって、利益をあげていた。このカネがまわりまわって、満州国政府の日本人官吏の機密費に流れた可能性が強いんですよ」

かつて満州のハルビン市警にいて、戦後は満州の秘密警察組織の研究をしている加藤豊《かとうとよ》隆《たか》（日本学術会議会員）も次のように証言する。

「満州国政府には禁煙総局という部署があってアヘンを扱っていました。ここは関東軍と緊密に結びつき、アヘン工作のことを『ジャオトウ工作』といってました。熱河省はケシの特産地で大規模に栽培し専売でしたから、莫大な利益をあげていたはずです。

私は、昭和十六年の満州国政府の予算を研究したことがありますが、歳入の部にどうしても不明なカネが入っています。これはアヘンの利益ではないかとにらんでいます。建国当初は満足な税収もなかったんですから、国家財政の大きな部分を占めていたはずですよ。それからハルビン市に『大観園』という女郎屋、飲食店、宿屋の密集した一大歓楽街があり、特務の絶好の働き場所でした。分室の連中はここで女を買っても、セックスはせずに女から客の動向を聞き出すのです。もちろんアヘンも売ってました」

そして、加藤はこうつけ加えた。

「最近のＫＣＩＡ（韓国中央情報部）のやり方をみていると、すべて満州時代に日本がやっていたことをお手本にしているという印象です」

当時、満州国尉安県の副県長でアヘンの撲滅に当ったという藤川宥二《ふじかわゆうじ》（国際善隣協会理事）は、アヘンの実態について、

「とにかく、あのころの中国人の半分は、アヘンを吸っていました。ことにインテリはほとんどで、役人でも大臣までがタバコのように吸っていたんです。だから醒《さ》めてくると仕事にならない。これはやめさせなければ、と行政の末端で、それこそ命がけで撲滅しようとしましたよ。禁煙総局をつくり、栽培を縮小し、専売にしてその益金をアヘンの断禁政策に使うことにしたわけです。

それで、一時はいいところまでいったんです。しかし戦争になってしまってダメになりました。今でも暴力団が麻薬となると目の色をかえるのと同じように、謀略、機密資金を簡単につくるのにはアヘンが一番です。戦争になれば断禁政策などはお構いなしですよ。

熱河省のアヘン栽培も復活しました。しかしそれは満州国内ではなく、南方へ持って行って売るわけです。上海や香港へ持っていけば華僑が多いですから、莫大な利益になったはずです」

と、満州国政府がアヘンの密売をやっていたことを明らかにした。これを間接的に裏づけるのは岸の部下だった長瀬《ながせ》敏《さとし》（元満州国産業部事務官、出版社社長）の次のような証言である。

巨額の甘粕謀略資金

「昭和十三（一九三八）年に満州国の上海通商代表部に、私も派遣されて丸三年いました。仕事は満州の大豆など特産物と小麦粉など民生物資とのバーター協定の業務でした。アヘンのことは私たちにはタブーになっていて、くわしいことは知りませんが、満州アヘンは上海フリー・マーケットからの軍需物資の吸い上げに大変な役割を果たしていたと聞いています」

以上の証言でみると、一方では英国から里見某を通じて甘粕に入るルートと、満州国政府が熱河省産のアヘンを南方で密売していたルートの少なくとも二つの筋から満州を舞台に想像もつかない巨額のヤミ資金が渦巻いていたことは間違いないようである。

それが甘粕の謀略と関東軍の軍事機密費に消費されていたことは確実だが、そのほかどこでどう使われていたかはつかみようもない。また甘粕が一千万円も投入した排英工作という名目の謀略の実態もわかりにくい。

福家俊一は、甘粕が満映理事長になったいきさつや、満州建国の第一の功労者として日本でいえば勲一等菊花大綬章にあたる最高の勲章を、満州国皇帝、溥儀から授与された秘話を明かしながら、

「甘粕は河本大作《こうもとだいさく》大佐の張作霖《ちょうさくりん》爆死事件から満州建国、日中戦争までの一連の謀略をすべてやったわけだ」

と、こともなげにいった。事実なら、「独走する関東軍」のカゲで、日本が戦争へ狂奔する火つけ役を甘粕は演じていたことになる。

甘粕の謀略工作の必要性を認め、甘粕を高く買っていたという岸は、こうした一連の謀略やアヘン資金のことを全く知らなかったであろうか。

長瀬敏は、ついでにこんな話もした。

「たしか昭和十六年だったと思います。岸さんは商工大臣の小林一三《こばやしいちぞう》との有名なケンカのあと、商工次官をクビになって浪人の身でしたが、上海に遊びにきて、ボクみたいな下っ端を訪ねてくれたことがありました。

上海には当時、サッスーン、ジャーデン・マセソンという英国の二大財閥がありました。岸さんが着いた日にサッスーン財閥から電話がありましてね。私が出たんですが『ミスタ

ー・キシが来ておられるはずだ。是非招待したい』というんです。どうしてわかったのかと不思議に思いましたが、英国の大財閥には特務のような調査機関があって、その能力は大変なものなんですよ。それで私もついて行きました。

サッスーンの邸宅というのは広大で、とにかく庭の中に一八ホールのゴルフコースがありましたよ。私はそこまでで、あとは向こうのトップと岸さんの会談が数時間ありました。私の上海在任中に内地からは大将やら高官やら相当な地位の人たちが来ましたが、サッスーンから名指しで呼ばれたのは、あとにも先にも岸さんだけですよ。あとになって（同年十月、岸は東条内閣から商工大臣に就任している）英国も先物買いをしたんだな、と思いましたが、岸さんの国際的スケールの大きさにびっくりしましたよ」

長瀬の話は、大物・岸のエピソードを紹介したにすぎないが、サッスーンが岸と会いたがった理由は何だったのか。福家俊一が「英国軍艦は上海でアヘンを陸揚げしていた」と証言し、上海のサッスーン財閥が、アヘンの甘い汁を見逃すはずはない、という仮定に立てば、この岸の上海行きはナゾめいて映ってくる。

とにかく、満州を料理した東条、岸、星野、甘粕、鮎川らの人脈の内面から「アヘン」を除外するわけにはいかないのではないか。

多くの証言者たちは、

「甘粕の謀略資金やアヘンのことは古海忠之さんが一番詳しいはずだ」

といった。古海に再びアヘンについての証言を求めると、

「満州国政府は断禁政策をとっていた。しかし、国の財源を全くアヘンでまかなっていなかったとはいわない。専売収入の中にはアヘンのあがりも相当あった。それでも星野さんが長官になって、アヘンの財源はだんだん少なくなり、最後にはやめるつもりだった。甘粕？　アヘンとは無関係だ！　甘粕は何もしていないッ」

と意外な返事だった。

「しかし、あれだけ莫大なカネを甘粕が自由に使えたというのは、アヘンしか考えられないが」という質問に、古海は語気強くいった。

「それは違う。当時、北支から満州へ入ってくる労働者、クーリー（苦力）たちから入場料をとる特殊会社が天津にできた。この会社の理事長として利益を甘粕が自由に使えた時代があった。しかし、それが昭和十四年ごろ、同じような仕事をしていた満州の特殊会社と合併され、満州政府の管轄になってからは自由にならなくなった。一方、総務庁から甘粕の機密費も切られてカネがなくなった。それで、資金づくりを頼みにくるようになったんだ。

アヘンについては、支那とか満州で一手にやっていた里見という男がいた。これは私のアヘンの相棒だ。アヘンは私と里見がすべてとり仕切っていたのであって、甘粕も岸さんも全く関係ないのだ」

古海のいう特殊会社は、小島麗逸が指摘したアヘン密売組織と符合する。

しかし、そんなことよりも、大蔵省から出向し、最後は総務庁次長まで勤めた古海が、中国全域でアヘンの総元締めをやっていた里見と「相棒だった」ということは、二つのルートが結局は「満州国政府」という一本の糸でつながっていたことになる。

さらに、古海の証言を信用するならば、最も信頼する部下の一人であった古海とアヘンの深いかかわりを岸が知らなかったとは思えないのだが……。『細川日記』の記述は迫力を増してくるのである。

そして、古海自信が『挫折した理想国――満州興亡の真相』（片倉衷との共著）の末尾に記した次の一節から、謀略とアヘンに塗り込められたすさまじいばかりの満州国興亡史が迫ってくる。

「昭和二十年八月十一日午前二時。いつソ連軍が来るかという不安と、敗戦の悲色におおわれた南新京駅で過ごす一刻一刻はさすがに心細いものであった。やっと出発準備が整った。その頃、にわかに夕立があって雷鳴がとどろいた。列車に歩を運ぶ皇帝につづいて、阿片中毒で立てなくなった皇后が看護人に背負われてゆく哀れな姿が、稲妻がはしると一瞬パッと光の中に浮び上がるという劇的な場面を展開した。

『蒙塵《もうじん》というのはこれだな』

と、武部《たけべ》長官（六蔵《ろくぞう》、最後の満州国総務長官）がしみじみ述懐していた」

あとに残った古海忠之は、ソ連と中国（撫順）に十八年間抑留され、岸との再会は岸内閣が倒れた三年後になる。

第6章　実像・岸信介

満州国在任の三年余、岸が産業開発を精力的に進め、準戦時下で戦時物資動員の態勢を整えるため、かねての持論である経済、産業の統制を強力に推進したことはすでに述べた。

その間、岸の部下や周囲が、どんな目でこの超エリート男をみつめ、接してきたのかを聞き出すことによって人物の素顔に迫ろうとしたが、岸には意外に話題性が乏しかった。頭の回転の早さ、動物的な鋭いカン、人使いの巧みさ、といった非凡な一面は誰もが一致して認めながら、具体的な実績となると「満業」成立と鮎川義介の引き出し工作という大事業についてさえ、岸の動きはとらえにくく、周囲のイメージも定着していなかった。

それでも証言者たちの数少ない体験の中に、岸の人間研究の手がかりはあった。

松田令輔の話。

「世間にはカンのいい人がたくさんいるが、岸さんのは、動物的とさえいえるカンのよさですよ。研究や勉強を積み重ねた結果ではない。生まれつきのものでしょうね。たとえばこんなことがあった。

私は当時、経済部次長として水力発電所の建設問題に取り組んでいた。そのころの満州は、石炭が豊富だったから電力も火力中心で、水力発電はまだ未開発だった。そこで、水力発電所の建設ということがいわれ出したのだが、農業国の満州が無理して大発電所をいくつもつくっても、満州でそれだけの電力を消費しきれないんじゃないかと心配もされていた。

ところが、岸さんは開発一点張りで、『どんどんやれ。つくって（電気が）売れないというのなら、それでアルミをつくればいい』といって私の尻をたたく。この電気が売れなければアルミをつくれ、という考えにしても、彼は数字を調べ上げてきて主張しているのではない。ここに岸さん独特の動物的カンが働いているのです」

鳥谷寅雄の経験によると、

「私は松井石根を尊敬し、大川周明なんかの大アジア主義者だったんですよ。そんな関係で役人になると同時に協和会に入った。これは有名な関東軍参謀の石原莞爾の主導でできた会で『五族協和の思想統一のもとに議会にあらざる議会をつくる』ことを目的としたが、一方には県参事官会議というのがあって、日本の青年官吏が団結してがんばっていた。この二つの組織が互いに対立し、満州国政府とも張り合っていた。こんなことで地方へ行くと政府の方針に反発があったりして、中央で決めた行政が、なかなか浸透しない。地方は県参事官クラスが実権を握っていましたからね。そして参事官会議は長春県の蛸井某という男が握っていた。この連中は大川周明輩下です。

一方、私は協和会の新京特別市工作委員でもあったから、双方に顔がきいた。『オレは満州の坂本龍馬《さかもとりょうま》だ』なんて威張ってたもんです。それを岸さんは知ってたんだと思います。

ある日、岸さんから『地方に法律を浸透させるには、どうしても県参事官連中の協力が必要だ。どうしたらいいかな』と聞くんだね。そこで私は『そりゃ蛸井に了解をとらないかんでしょう』と答えると、『一度懇談したいな』という。そこで蛸井のところへ行き、『岸さんと一度懇談してみないか』と水を向けたら、『ウン、岸というのはなかなか変わった男らしいな。ただし、向こうから来るなら会ってやってもいい』という。しかし、岸さんは何といっても中央の次長だ。そこで満州中央銀行、これは帝国ホテルと同じライトの設計による立派な建物だ。そこの『中銀クラブ』で偶然会ったことにした。それ以後は実業部の仕事はスムーズに地方へ浸透するようになった。他の部の連中は『どうしてだ』と不思議がったものですよ」

満州の高杉晋作

そのことでは源田松三には次のような体験が印象に残っていた。

「無節操でハッタリ屋、誰にでも尻尾を振っていくような連中は私は大嫌いでした。そういうのが岸さんのところにたくさん出入りしてるんです。そこで、私は『あんな男たちを近づけるとは何ごとですか』と文句をつけました。それに対して岸さんは『人間にはいろんなのがいる。他人とのつきあいは潔癖だけではダメだ。相手の本質を見抜かなければならん』と、人とのつきあい方、人の使い方を教えてくれたわけです」

古海忠之がつづける。

「星野さんは潔癖で厳格な人だったが、岸さんにはそういう倫理的潔癖さというか頭の固さはなかったな。岸さんは、満州時代から酒を飲むのが好きな人だった。新京で彼がよく出入りしていたのは『八千代』という店だ。『桃園』とか『曙』という店もあったが、ほとんど『八千代』だった。

女遊びもよくやっていたが、新京でやるのはまずいということで、私を連れて列車に乗ってはるばるとよく大連《たいれん》に出かけていった。日帰りは無理だから、日曜とか祭日によく行ったな」

これらのエピソードの中に共通して流れているのは、官僚ばなれした政治家的体質である。星野直樹は「満州を去る時にはもう立派な政治家になっていた」と批評したが、福家

俊一は、

「満州に渡るずっと前の若いころから政治家になることは決めていたと思う。満州ではボクにも『将来は政治家をやる。お前もやらんか』といってたほどだ。おそらく自分では『長州で何番目の総理大臣になるかな』ぐらい思ってたんじゃないか。満州ではすべてそれを前提に行動していたとみて間違いない」

といい切った。また平井出貞三が鮮明に記憶していた次の話も奇妙といえば奇妙だ。

「昔のことはすっかり忘れてしまったが、一つだけよく覚えていることがある。満州国政府の日系官吏のほとんどの連中が、岸さんのことを『先生、先生』と呼んでいたことだ。まだ四十くらいで、どうみても先生と呼ばれる年ではなく、みんながそう呼んでいるのがおかしく思えた」

そして、政治人間になり切ろうとする岸にとって、満州はかっこうの舞台だった。

武藤富男の次の指摘が当っている。

「岸さんがいた昭和十一（一九三六）年から十四年ごろの満州は、すでに戦時体制であった。ということは、このころの満州は、人間の能力と見識だけがものをいう社会であったということである。日本なら、まだまだ擁する勢力とか位置関係がものをいっていたが、満州では何よりも能率と合理性が優先されていたから、能力のある人間ならそれだけでどんどん登用され、腕をふるうことができた。

岸さんは、満州という絶好の政治学校に入学したのであり、本人が意図したかどうかは知らないが、ここで十分な政治トレーニングを積むことができたわけだ」

また福家俊一の見方はふるっている。

「岸さんは、同じ長州人の幕末志士、高杉晋作《たかすぎしんさく》に知性をつけたような人物だ。知性をつけたというのは、帝国大学の恩賜の銀時計（首席）をぶらさげた晋作ということだ。岸さん自身の研鑽ということでは、満州は高杉晋作における松下村塾《しょうかそんじゅく》のようなものだった。人事の交流ということでは、満州は岸さんにとって維新前夜の京都だったのだ」

満州を離れる直前の昭和十四年八月、岸は所用で東京に現れると、晋作よろしく雑誌対談で、日本の政界の現状をこきおろした。

「今度日本へ来て痛切に感ずることは、上に行けば上へ行くほど批評家になるということです。これは実に驚くべきことで、事務官より課長が批評家であり、局長より次官、次官より大臣が批評家であり、あるいは恐らくヒラ大臣より総理のほうがまだ批評家であるかも知れない」

「日本の会議は物を決めない会議です。閣議で決めても為さない。企画院で決めても各省はバラバラだ。満州の会議では必ず決める。なぜ、こっちは決まらないかというと、非常におかしなことだが、発言しない人がたくさんいる。満州では発言しなかった人は賛成で、意見があればいう。日本では発言しないヤツが一番曲者だ。要するに会議とか委員会というものが国政を渋滞させている」

といった激越な調子だった。二か月後、東条英機の強い引きで商工次官に栄転することを承知しながら、中央政界に存在を誇示しようとした、ともいえた。

ケンカを挑み、それを踏み台に飛躍をねらうのが岸の常套手段だが、満州生活によって、さらに磨きがかけられたようだった。

第7章　総　括

貫いた「日本のための満州国」

岸信介は昭和十一（一九三六）年十月満州入りし、ちょうど三年後の十四年十月満州を去った。満州国はわずかに十三歳の若さで夭折したが、岸の在満三年間は、その真中の期間にあたる。その生涯、岸と対比されることの多かった星野直樹は著書『見果てぬ夢』のあとがきで、

「オーエン・ラチモアは、満州を東亜争闘の揺籃と呼んだ。満州国のできるまでの満州は、まさにそのとおりであった。これを一転して東亜和平の揺籃としようというのが、満州国の建設に馳せ参じたものの、偽らざる心持であった。もちろん、人間のなすところ、すべて理想どおりにはいかない。いくつかの誤りが繰り返され、ことに独善に失したことの多

いことは否定できない」

と書いた。星野がなにを念頭において「独善に失した」といったかはわからないが、満州時代の岸の生き方には、まさしく独善のにおいが充満していた。岸が手がけたことは、すべて和平と逆の戦争遂行の道につながり、満州は岸という才智たけた妖怪人間を抱え込むことによって、後戻りのきかない消耗戦の前進基地に仕立てあげられていく。

多くの満州為政者たちの中でも、とりわけ岸は徹底して東京向きの姿勢を崩さず、「日本のための満州国」を貫いた。岸が強力に推進した開発と統制経済の施策は、関東軍を奮いたたせはしたが、土着の満州人は塗炭《とたん》の苦しみに追い込まれることになった。

満州軍総務庁法制処参事官だった木田清の証言によると、

「岸さんは満州にきて、産業建設を進めるため、たくさんの特殊会社と法律を作った。日系官吏には法律をたくさん作ってそれを武器にするという傾向があって、中国人から〝法《ほう》匪《ひ》〟とあざけられるほどでした」

という。法匪によって、満州に作り出された窮状は、極東軍事裁判におけるキーナン主席検事と元満州国皇帝、溥儀との質疑によると次のようなものだった。

キーナン検事　あなたは専売法によって規制されていた日用必需品、すなわち日本軍によって専売されていた日用品の名前をあげることができますか。

溥儀証人　専売されていた最も主なものはアヘンでした。その他、例えば綿花とか糧食というような種々雑多なものが専売されておりました。統制経済が行なわれてから一切の物資は日本人によって接収されて、鉱業あるいは工業などは全部日本人によって統制され、中国人は経営することができなくなりました。

キーナン検事　綿布統制法は実際的に、強制的に実施されたものですか。

溥儀証人　これらの統制法は全部実施されて、その結果中国人は冬になっても綿や綿布を手に入れることができなくなったために、寒さで多くの人が凍死し、あるいは病気になるような状態でした。私が個人として聞いたところによると、この統制あるいは配給などによって、中国人が白米を売ると、そういうこともまた法を犯すということになりました。

キーナン、溥儀のやりとりはまだ延々と続くが、ともかく在満日本人の非情と楽天主義は満州を異様な国に変えていった。岸はそのシンボリックな存在であり、あらゆる面で推進者だった。小坂正則の、

「満鉄の最後の総裁だった山崎《やまざき》（元幹《もとき》）という人が四年くらい前に亡くなったが、この人は克明に日記をつけていたらしい。それが発表されるのをきらった旧満州の関係者が、日記を遺体と一緒に墓に埋めてしまった」

という証言は、そうした異様さのカゲを今日にまで引きずってきていることの証左である。満州での特異な体験が、白日の下にさらされるのを、かつての在住者たちは歓迎していない。

また、満州時代の岸を追ってみて、発見したことの一つは、関係資料、記録類がほとんど残されていないことだった。岸自身の証言も皆無に近かった。『日本帝国主義下の満州』（一九七二年）を書いた近現代日本経済史家の原　朗《はらあきら》は、

「私も実は満州時代の岸信介氏について調べてみたいと思い、ご本人にも面会を申し込みましたが、断わられた。椎名さんには会えたが、肝心のことになると固く口をつぐんでしまって、結局目新しいことは何も出てきません。満州を考える場合、当然旧満州国政府のことは欠くことができないのですが、どういうわけか昭和十一年から十四年頃までの関係文書だけが散逸していて、研究者としてはこわくて手がつけられないのが現実です」

と語り、同様の嘆きは何人かの研究者からも聞かされた。

五十人を超える満州関係者に証言を求めて回ったが、満州国が消滅して三十数年後のいままでも、多くをしゃべりたくない気配が感じとれた。しゃべることで「日本人と満州」にまつわる恥部が外にさらされ、満州否定が自身の人生否定につながっていく恐怖が内面に沈澱《ちんでん》しているようでもあった。

とりわけ、岸の人物評価についての証言には、戦後の、「疑惑の権力者」としての岸と、満州で接した「にこやかな切れ者」としての岸とのイメージ・ギャップに戸惑っている様子がありありとしていた。

証言者の一人、武藤富男の分析がギャップの秘密にある程度答えている。

「岸さんの特徴的な性格をあげると、彼は複層人間だということです。ものの考え方、行動様式といった点で、彼の内部構造は複層になっており、普通に接しているだけだと、表面の層だけしかあらわにしないのですが、その底には絶えず深層が存在しているのです。

岸はよく『八方美人』だとか『ソツがない』『朝令暮改』といわれますが、彼のいっていること、やっていることにウソがあるのではなく、性格が複層であることを承知しておれば、すべて真実、ホンネであることがわかるはずです」

たしかに、これまでみてきた関東軍との密着ぶり、「満業」設立の舞台回し、アヘン資金とのからみ、などの場面をとっても、その中にしばしば岸の複層体質が読みとれた。岸は、外部から深く理解されることを本能的、ときには意識的に拒み、それに成功してきた。つまりわかりにくい人物ということなのだろう。

ただ一人、例外的な観察として、張景恵国務総理の秘書官、松本益雄が、

「私はつきあいもまったくなかったが、はたからみた印象をいうと、岸さんの持つあの凄みは村正の名刀が青光りしているというか、火花を散らしているというか、そんな感じを受けました。たとえば、上司の長官などにペコペコするといったことがまったくなく、寄りつき難い怪物の印象を与えていましたね」

と語っているが、松本は接触がなかっただけに岸の深層の一面を見抜いたのかもしれなかった。

しかし、捕捉し難いとはいえ、多くの証言をつなぎ合わせ、重ね合わせることによってわかったのは、政治家としての岸の原型があの三年間の満州に凝縮してあらわれていることだった。昭和十四（一九三九）年十月、満州を去るにあたって、四十二歳の岸は二つの注目すべき発言を残している。

政治資金は濾過器を通せ

その一つは、別れ際、岸の部屋に集まった武藤富男ら数人の後輩を前に、なにを思ったか政治資金の作り方を一席弁じた。

岸はこのときに、

「政治資金は濾過器を通ったきれいなものを受け取らなければいけない。問題が起こったときは、その濾過器が事件となるのであって、受け取った政治家はきれいな水を飲んでいるのだから、かかわりあいにならない。政治資金で汚職問題を起こすのは濾過が不十分だからです」

といっている。すでに意識のうえで政治家になりきっている岸の自戒の言葉か、満州時代に濾過のトレーニングを終了したことの得意な宣言なのか、満州を離れる解放感から本音がでたものか、あるいはそれらのすべてか、このあまりにも露骨な後輩への教訓が意図するところは判然としない。

だが、満州以後、今日までの岸にまつわるあれこれを理解するうえで、四十年も前に岸の口からもれた濾過器発言はまことに暗示的である。

そして、いまにして思えば、満州全体が政治家、岸を生み落とした濾過器であり、「岸のための満州」だったことが、理解できるのだ。岸式の濾過器は、性能が良好とみえて、これまでのところ田中角栄のようなミスを犯すことなく、岸は「きれいな水」を飲み続けているということだろう。

しかし、岸とカネの疑惑、あるいは癒着問題になると、証言者には、次のような弁護論が多かった。

「岸さんのカネの使い方を、世間ではとやかくいう人が多いが、それは見当違いだ。自分のためにカネを使うことは少ないですよ。親分肌のためにかえって損をしているくらいです。しかし、それにしても最近の岸さんは金に困っていますね。最近はどの政治家も政治資金規正法の改正が響いて金欠病にかかっているが、彼はとくに重症だ」(古海忠之)

「岸さんのことを韓国ロビイスト、台湾ロビイストと呼ぶ人がいるが、この人たちは岸さんの本質を見抜いていない。昔、満州でいわれた五族協和には韓国人、台湾人も入っている。実際、満州で岸さんたちと一緒に仕事をした人が台湾や韓国にいるのです。

岸さんはこれらの国を単なる外国とは思っていない。『日韓癒着』だとかいって非難している人もいるが、岸さんの本質を知らないセリフだ。彼は国士です。ゼニ、カネで政治

をやっているのではない」（松田令輔）

あるいは、これらの証言も実相の一面かもしれない。カネに窮している親分肌の国士としての岸。だが、複層人間が濾過器を駆使したときにできあがる面相はさまざまであるに違いないのだ。

しかも、岸は戦後、満州ファミリーのめんどうをよくみてきた。たとえば岸が総務庁次長の時、企画処参事官として仕えた石田芳穂は、戦後まだ岸が巣鴨から出てきたばかりの頃に就職を世話してもらっている。

岸自身はまだ追放の身で全くの浪人中のことだった。

「昭和二十三（一九四八）年の七月、引き揚げてきて、一時、ある事業に手を出したのですが、失敗してしまった。その頃、岸さんが巣鴨から出られたと聞いたので、ご挨拶にうかがうと、『どうしてる』と聞かれましてね。事業が失敗したことを話すと、『弟が自由党の政調会長になった。キミの頭からいうと社会党の方に近いのだろうけど、どうだい、頼んでやるから政調会に行かないか』というんです。早速、佐藤（栄作）さんのところに行きました。するとちゃんと話が通じていて、『明日からこい』といわれました。そのおかげで政調の専門委員を二年半やりましたよ」

同じような「世話好きな岸」の証言をたくさん聞いた。その中で異色は戦後の日本に亡命していた韓雲階《かんうんかい》（元満州国政府経済部大臣）、張燕卿《ちょうえんけい》（同実業部、外交部大臣、清末の政治家・張之洞《しどう》の息)、汪兆銘《おうちょうめい》政権の高官、趙毓松《ちょういくしょう》の三人の生活を、岸は二十年にわたってみてきたというのである。

松本益雄はそのいきさつを次のように説明している。

「もともと私は中国が好きだったし、戦後感ずるところもあって、余生は日本に亡命してきた中国人たちを世話することに捧げようと決心しました。それで昭和二十五年に韓さんが台湾から亡命してきた時に、門司《もじ》の家を引きはらって東京に移り、本格的に取り組むことにしたのです。すぐあとには韓さんを頼って張さんや趙さんもやってきた。

しかし、私一人の力ではとても無理なので、満州に縁のある岸さんを訪ねると、快く協力してくれました。三人以外の岸さんが知らない中国人のこともよく頼みに行きましたけど、一度として断られたことはありません、昭和四十二年には趙さんのために中華料理店開店の費用を数百万も出してくれましたが、彼は五年前東京で亡くなった。とにかく岸さんという人は、自分ができなければ、古海忠之さんなどに声をかけてくれて、いろいろ力になってくれました」

その古海もまた岸の世話を受けた一人だった。古海のかつての同僚、松田令輔が語る。

「古海さんが十八年の抑留生活を終えて日本に帰ってきた時、その後の身の振り方について真剣に考えてやったのは、岸さんです。

古海さんの古巣の大蔵省では、誰も彼の身の振り方を考えてやらなかったが、岸さんは頼まれたわけでもないのに、わがことのように心配して手を打ってやっていました」

岸弁護、岸びいきが少なくない一つの理由が、こうした「ノー」といわない（という証言も多かった）岸のこまめさにあることは確かだろう、複層のうちの陽性の一面である。

満州国は私の作品

され、満州を去るにあたっての、いま一つの発言。岸は林銑十郎《はやしせんじゅうろう》内閣の商工大臣、伍《ご》堂卓雄《どうたくお》から次官として呼び戻され、十月十九日大連港の埠頭から乗船するにあたって、記者団に次のような離別の言葉を述べた。

「出来ばえの巧拙は別にして、ともかく満州国の産業開発は私の描いた作品である。この作品に対して私は限りない愛着を覚える。生涯忘れることはないだろう」

私の作品、という聞きようによっては刺激的な言葉に対して、岸を知る証言者たちは一様にある種の戸惑いを示した。武藤富男は、

「それはいいすぎです。岸さんの大言壮語ですよ。彼も自分なりに全霊を打ち込んだことはその通りですが、何といってもその期間はわずか三年にすぎません。彼は関東軍の圧倒的な力を背景として飛躍しただけで、満州に骨を埋めるつもりでなかったことは明らかです。彼が力を発揮できた範囲というのは、行政に限られていたのですから。そんな大ボラをいうと、満州に理想郷を作ろうとして、最後は切腹して果てた男たちに相すまないと思

いますよ」

と反発した。また古海忠之も、

「ちょっといいすぎですね。満州の国づくりの基礎的努力という点では、やはり星野さんの存在が大きかった。まだ満州の基礎さえ固まっていなかった頃に、星野さんや私もその一人ですが、大蔵省の一団を連れて行って国づくりを始めたのです。しかし、五か年計画の実行の段階で、どんどん法律を作って、これを推進したという点では、作品といってもいいかもしれない」

と部分肯定の反応をした。古海のような意見を述べたのは、木田清、前野茂、松田令輔などかつての岸の部下たちに多かった。しかし、関東軍参謀だった片倉衷のように、

「そんなことはいえないな。計画そのものは陸軍省や関東軍があらかじめ基礎案なるものを作って、具体化の段階で岸が参加してきたわけだからな」

と頭から否定してかかるものもいて、「私の作品」発言の波紋は、なかなかデリケートなのである。

岸が最後に満州に残した二つの言葉（「濾過器」と「私の作品」）は、いずれも岸らしく、印象的だった。だが、それらよりもはるかに強烈に迫ってきたのは、武藤富男が証言の最後につけ足した、次のような武藤と星野直樹の問答である。

「昭和十九年七月、東条内閣が崩壊した直後、星野さんを訪ねたとき、星野さんは、私に

『岸は先物を買った』というのです。『どういう意味ですか』と尋ねると、星野さんは『東条内閣を岸がつぶしたことだ』とだけいって、どうしてそのことが先物を買ったことになるのか、については何もいわないのです。

戦後、再び星野さんに会ったとき、もう一度『先物を買ったというのは、岸さんが敗戦を予期していたということなのですか、それとも戦犯を免れるためということまで考えて岸さんが東条内閣をつぶしたとあなたは見通したのですか』と問い質してみたのですが、相変らず、星野さんは黙したまま答えてくれませんでした」

なんとしても星野に面会して「先物買い」の意味を聞き出したかったが、それはかなわなかった。星野の直感どおり、岸と東条のケンカが、先を読んだ計算ずくのことだとしたら、これは恐るべき妖怪というほかはない。岸は満州という濾過器をくぐりぬけることによって、とてつもない図太さを身につけ、次々に権力へのステップを踏んでいった、ということなのか。

証言者はほとんど例外なく七十歳から八十歳の高齢だった。訪ねていっても故人になった人、口がきけなくなった人がいて、満州をハダで知る生き証人は日増しに減っているのである。日本人の歴史に正しく位置づけられなければならない「満州国の興亡」が、生半可な理解で、記憶の外に遠ざけられていく不安を感じないわけにはいかない。

とりわけ、満州を牛耳った「日系」の生態は、証言を聞けば聞くほど複雑怪奇に映った。

だが、このレポートを締めくくるにあたって、日系の頂点に岸信介という近代史が生んだ異色の人物が君臨したこと、さらに岸の強引な満州政策がその後の本土に移入され、戦禍と敗戦につながっていったことに、ほとんど疑問をさしはさむ余地がないことを報告しておきたい。

第二部

権力への野望

序　章

取り巻き性悪説

大型というのか、底が知れないというのか、岸信介のように息の長い政治家の全体像をつかむのはまことに難儀な作業だった。

この報告書がまとまりかかったころ、岸信介はやっと私たちのインタビューに応じた。張りのある声で、岸はどんな問いかけにもよどみなく答え、ときに熱っぽくまくしたてる。みじんも衰えを感じさせるところがなかった。岸は、しかし年齢をしきりに気にして、

「元気だとかなんとかいうけど、もう八十過ぎたら選挙民の大多数とは、世代がツー・ゼネレーション違うんですよ。別にヨボヨボしてるわけじゃないけれども、あなた方と会うとおじいちゃんにみられる。おやじの時代ならまだいいけどね」

などといい、見てのとおり、カミソリとか妖怪とかの世評と違う穏やかな男なんだ、と力説した。健康の秘訣は、と月並みな質問をすると、岸はこんな話をした。

「人間何が幸せに作用するかわからんというのは、戦後三年三月巣鴨《みつき》にいたでしょう。これは朝五時半に起き、夜は九時に消灯、一切の間食はしない。三度の食事は腹八分、それを続けたので体質がまったく変ったね。

戦前は不規則な生活ばかりしてろくでもないことをしてるから胃腸が弱かった。その胃腸が健康になり、出たときはもちろん痩《や》せてましたが、その後ずっと六五キロぐらいね」

戦犯容疑に問われたことが、岸を肉体的に蘇生させたというのである。となると、巣鴨がなければ「戦後の岸」はなかったかもしれない。なんとも奇妙な因縁話——。

面と向かっているかぎり、巨大な耳が目につくぐらいで、岸は陽気なさばけた老人だった。だがいったん離れてみると、もう捉えようがない。多くの証言者たちは、さまざまなことを語っている。

黒いうわさが広がっていることについて、岸の長男、信和《のぶかず》（岸首相の秘書官を勤め、西部石油専務）に単刀直入に尋ねたとき、信和はこう答えた。

「そんなことはありえないと思っています。おやじさんには来る者は拒まず、去る者は追わず、といったところがある。どんなヤツにも必ずいいところがあるといって、妙なと思う人とも平気でつきあう。それが誤解を生むんでしょう。私は一度おやじさんに『ああいう人間とはつきあわない方がいい』と忠告したことがあるが、そのときも『誰にだって必ずいいところが一つや二つはある』といって相手にされませんでした」

信和がそう確信していることは口ぶりから理解できたし、同じような取り巻き性悪説は方々で聞いた。一方には岸本体の性悪説もたくさんあったが、核心に触れた証言はついに得られなかった。

そして、一つの発見は、ボロを出さないところがさすがに大物だ、田中角栄とは違う、という感嘆に近い声が意外に多かったことである。ボロがあるかどうかの判定がつかない人まで「それはともかく」といって同様の感想をもらした。岸にとって、黒いうわさは「政治家の勲章」になりつつあるのだろうか。岸がうわさに頓着しない理由の一つもそのへんにあるのかもしれない。

あの安保改定の喧騒の中で岸が政権を捨ててからすでに十八年が経過した。この間に岸が政治の表舞台でハデに踊ったことはない。しかし、スキャンダラスな話題もふくめて、岸信介の名前が消えることはなく、政界の深部にあって岸の存在感は決して小さくなかった。

最近はさらにその比重を増している。福田首相が内閣改造をやれば「岸が動いた」といわれ、日中条約交渉にブレーキがかかると「裏に岸がいる」とささやかれる。そして、あからさまではないが、動いた痕跡は明瞭だった。引退説も流れている八十一歳の老政治家が、なぜこうもしぶとい生命力を持ち合わせているのだろうか。

最近の岸を追っていて、私たちはいくつかの奇異な情報を耳にした。一例が、「岸の北《ペ》京《キン》行きの話が進んでいる」といううわさである。台湾派の巨頭であるはずの岸が、本気で訪中を画策したとなれば大ニュースだろうが、取材の結果はなかなか微妙だった。すっきりした動きではない。

だが、北京に向けて岸がエサを投げたフシはあった。

岸にはこれに類した話が多い。ハラの内は秘めたまま、エサだけが投げられている。岸の郷里、山口県熊毛郡田布施《たぶせ》町の近隣で、岸の応援をしている地元青年団員の大本与（インテリア関係の自営業）と会った折りの話が暗示的だった。

大本は控え目な口調で、

「私は田布施にお帰りになったときの岸先生しか知りませんので、先生のいろんな面についてはよくわかりませんが、私の祖父がこんな話をしていたのを覚えています。『岸という男は非常に頭のいいヤツだ。よく一緒に魚釣りをしたが、エサをつけるのがうまい。頭のいい証拠だ。だからよく釣れる……』

先生は昔から釣りが好きで、瀬戸内海の祝島《いわいしま》によく釣りにいっておられた。昨年も田布施にお帰りになったとき、この地の若い連中と釣りの計画を立てておられた。ご自身が『行こう、行こう』と誘っておられた」

などと語った。いくらか比喩じみてくるが、岸はいまにいたるも、四方八方に精力的にエサを投げ続け、なにかを釣り上げようとしているのではないか。北京行きもその一つに違いない。

断片的な証言をつなぎあわせながら、「戦後の岸」を跡づけていくと、漠然とながら、岸が描いているに違いないグランド・デザインが浮きでてくる。おそらく岸は、その池に釣り糸を垂らしながら反応を待っているのであろう。

岸が内閣を組織し、最初に釣り上げた大魚は「安保改定」だった。岸はいったん竿をおさめたようにみせながら、次の魚をねらっている。岸のめざしているものとは、いったい何か。最近の出来事の中から「戦後の岸」に接近する手がかりとして、以下に述べる三つのことに着目した。

「おもしろい、やってみるか」

一つは先に述べた岸の訪中話の周辺。うわさの根拠は次のようないきさつからである。五十三年一月はじめ、社会党衆院議員、八《や》百《お》板《いた》正《ただし》が、東京・西新橋の日石ビル三階にある岸事務所を訪ねた。

岸との間ではこんなやりとりがあったといわれる。

八百板「近く私は訪中する。ついては中国側に『岸訪中を受け入れる気はないか』と聞いてみたいが、どうですか」

岸「受け入れるかなあ」

八百板「わかりませんよ」

岸「おもしろい、やってみるか」

このあと八百板は一月九日から二十日まで、日中農業農民交流協会訪中団の団長として訪中。帰国後、また岸のところにやってきて、

「廖承志《りょうしょうし》(中日友好協会会長)に伝えましたよ。『大変結構な話です。われわれも考えないでもなかった。しかし、いまはまだその時期ではありません』と廖はいいましたがね」

と報告したというのだ。岸と八百板という、異質の政治家の組み合わせは奇妙だが、二人の関係は「古くから面識があった」というだけではっきりしない。この一件について、八百板はインタビューに答えた。

——訪中前に岸氏に会って岸訪中の話をしたそうだが。

「そりゃちょっと私からはいえないですね。今の段階ではね」

——会ったことは事実か。

「いろんな人にね。中国関係の積極論者、消極論者、いろんな人たちと接触はしました。中国問題に対する見解を聞く必要があったから」

——その中の一人が岸氏というわけか。

「ええ取材しただけですよ」

――岸氏自身が訪中の意向を持っているのか。

「…………」

――岸氏に会ったのは特別な意図があったからか。

「いや、特別な意図はありません」

――岸訪中のことはあまり話せないということか。

「まあ、一般的にね。中国に対する考え方を聞いてみたということですよ」

――中国側の反応はどうだったのか。

「そりゃあね、ちょっとね」

要領を得ないが、八百板を仲介役にして、岸・廖間にかすかな接触が生まれたことだけは確かである。

もう一人、岸訪中問題では親中派の宇都宮徳馬《うつのみやとくま》（無党派クラブ）もひと役買っている。宇都宮夫妻は昭和五十三（一九七八）年三月十七日、同じ無党派クラブの衆院議員、鳩山《はとやま》邦夫《くにお》夫妻をともなって訪中したが、その二日前の十五日夜、ホテル・ニューオータニわきの料亭「福田家」で会合が持たれた。

出席者は岸、宇都宮、矢次一夫《やつぎかずお》（国策研究会代表理事）、長谷川峻《はせがわたかし》（自民党衆院議員）、北《きた》沢直吉《ざわなおきち》（元自民党衆院議員）、山本幸一《やまもとこういち》（前社会党副委員長）に白斗鎮《ペクトウジン》（韓日協力委員会会長、

元韓国首相）。昭和五十二年末、宇都宮・矢次コンビで進められてきた南北朝鮮のクロス訪問構想が主題で、これに批判的な白と矢次の間で激論がかわされたりしたが、岸はこの席で北京行きに色気をみせた。

　宇都宮が訪中して廖承志に、

「岸もきたいといっている」

というと、廖は、

「えっ、岸さんが……。ほんとですか」

と驚いてみせたという。「岸も」といったのは、今秋に満州時代の岸の部下である古海忠之の訪中が内定していたからで、宇都宮がその話を持ち出すと、廖は、

「大歓迎だ」

といった。宇都宮と古海の関係は、宇都宮の岳父、駒井《こまい》徳三《とくぞう》が初代の満州国総務長官で、古海はその配下にいた。戦後は十八年間も中国に抑留され、釈放されるとき、宇都宮の口添えがあったともいうが、その古海の訪中は岸訪中の露払いだ、という見方がある。

　露払い説について古海は、

「私の訪中は岸さんとは無関係だ。大蔵省のＯＢ連が訪中を希望し、中国に知人の多い私に団長になってくれといってきたので、それを引き受けただけのことだ。宇都宮君とは昔から親しくしていて、彼がこの前訪中したときも電話をもらった。岸訪中の話なんかない

よ」

と一応は否定した。しかし古海はこうつけ加えた。

「岸さんは一般に韓国派、台湾派とみられているが、これは惜しいことだと思う。私は一度岸さんに『あなたは立派に国際政治家としてやっていける人だ。中国やソ連ともうまくやってはどうか』といってやったことがある。そしたら『おれもやりたいな』と岸さんはいっていた。

私からみると、岸さんの子分どもが岸さんの名前を利用して、台湾や韓国と結びつき、いろいろやっているということだ。親分が子分に引っ張られている。まあ、そうはいっても、岸さんは子分に自分を利用させているのだが……」

人脈関係がこみ入っているが、つまるところ八百板、宇都宮の両親中派議員や古海らを通じて、岸訪中の環境づくりが徐々に進行しているらしいということだ。岸には明らかに訪中の意欲があり、北京は必ずしも拒絶反応を示していない。それが、反共主義者の岸が描くグランド・デザインとどんなかかわりあいを持ってくるのか。

改憲論をぶちまくる

第二の手がかりは、五月三日（憲法記念日）の岸の行動だった。この朝、岸は羽田発午前十一時の全日空機で、秘書の堀渉《ほりわたる》（海軍兵学校出身）を伴い小松空港に飛んだ。堀が羽田で買い求めた昼食の弁当を機中で食べ、小松から車で金沢市内の護国神社に直行した。午後一時から境内で催された清水澄《しみずとおる》顕彰会の発会式に出席するためだ。

　清水はすでに知る人も少ないが、戦前の憲法学者で、昭和二十一年に最後の枢密院《すうみついん》議長のイスに座った人物である。枢密院は新憲法が施行された二十二年五月三日に廃止された。あとでわかったことだが、その日、清水は自決の辞をしたためている。

　遺書の文面には、

「新日本憲法ノ発布ニ先ダチ私擬憲法案ヲ公表シタル団体及《および》個人アリタリ、其中ニハ共和制ヲ採用スルコトヲ希望スルモノアリ、或《あるい》ハ戦争責任者トシテ、今上陛下ノ退位ヲ主唱スル人アリ、我国ノ将来ヲ考へ憂慮ノ至リニ堪へズ、併《しか》シテ小生微力ニシテ之《これ》ガ対策ナシ、依テ自決シ幽界ヨリ、我国体ヲ護持シ、今上陛下ノ御在位ヲ祈願セント欲ス、之小生ノ自決スル所以ナリ、而《しか》シテ自決ノ方法トシテ水死ヲ択《えら》ビタルハ、楚《そ》ノ名臣屈原《くつげん》ニ倣《なら》ヒタルナリ。昭和二十二年五月新憲法実施ノ日認ム」（原文のまま）

とある。同じ年の九月二十五日、清水は熱海・錦ケ浦で入水《じゅすい》自殺、七十九歳。

清水は岸が高文を受けるときの試験官で、そのことは岸はよく覚えていた。

長男の清水虎雄《とらお》（元東洋大学法学部教授・憲法専攻）は父の自決について、

「ほんとうの理由はよくわからない。私の想像だが、明治憲法に殉じたのだと思います。最後の枢密院議長として新憲法案を天皇から諮詢《しじゅん》され、答申した。個人的には明治憲法を守りたかったのに、新憲法案を答申したことに責任を感じていたのではないでしょうか。とくに新憲法の天皇の地位に不満を抱いていたようです。だから占領憲法に抗議して自殺したというのとは少しニュアンスが違うかもしれない。遺書は五月三日付と九月二十五日付の二つがあった。死ぬ二日前に父は追放処分を受け非常に落胆していました。追放で、もう何もできなくなったと思ったのでしょう」

と回想した。その三十回忌を記念して、出身地の金沢に顕彰会が誕生したのである。清水の碑の前で、岸は神妙な面持ちだったという。

このあと、岸は自身が会長をつとめる自主憲法制定国民会議主催の第九回国民大会会場（金沢市観光会館）に臨んだ。去年までは毎回東京に会場を設けたが、今年は清水の死に報いるためと、自主憲法制定の機運を全国に広める目的で、金沢大会となる。

岸はこの席で次のようなスピーチをしている。

「……残念なことには、従来憲法に対する国民の関心が比較的薄かったんじゃないか。よく政治家の一部は現憲法が国民の間に定着しつつあるといっております。定着しているのではなく無関心であった。この責任はやはり政治にある。真正面から論議するのを怠っている結果であります。

現在の自民党を結成する際にも、当時の鳩山先生や河野先生、全部亡くなりましたが、そのほかの諸先輩とともに政治綱領の一つとして『自主憲法の制定』を掲げたのであります。ところが残念ながらその後自民党自身がこの綱領に冷淡であり、十分にその目的を達成しておらないということは、かつての自民党総裁の私として非常に慙愧《ざんき》に耐えないところであります……」

岸は「残念」を繰り返した。大会が終わると参列者は観光会館前の大通りを街頭行進し、岸も先頭に立って十分くらい歩いた。ささやかなアピール風景だった。

岸が昭和四十四年に会長（前任者は故村上義一参院議員）になってから、組織は飛躍的に伸び、国会議員の会員も九六人から一挙に二六〇人に増えた。国民大会に四七人の国会議員が参加したこともあったが、今回金沢まで足を運んだ議員は岸一人。

そのまま岸は小松空港にとって返し、午後五時一〇分発のやはり全日空機で羽田に到着、東名高速道を御殿場の邸宅に舞い戻った。ただそれだけのことで、羽田空港には見送り人も出迎えもなかった。翌朝の新聞報道もきわめて地味なものだった。

だが、この一日は岸政治を分析するうえで重要である。八十一歳の老体とは思えないタフな行動力がまず驚異であり、清水と岸の決定的な違いは、「占領憲法」への対峙が、清水の場合は死に直結したのに対し、岸は逆に生きる支えになっていることだろう。

戦後の政界復帰のときから、岸が表向き掲げた政治スローガンは明快に二つ（反共自主外交と憲法改正）に絞られ、一つは安保改定で一応の決着をつけた。残る改憲に岸はたえざる執念を燃やし、それは妖怪じみた活力の源泉でもあった。しかも改憲自体が最終目的ではなく、岸のグランド・デザインはさらに先に広がっていると思われる。

いつどこで改憲問題を話題にしても、岸はきまって上半身を乗り出し、一オクターブ声を高めてぶちまくる。今度のインタビューでもこんな調子なのだ。

「成立過程と内容のいかんですよ。国に元首がないんだ。こんなことはないですよ。やっぱり元首ははっきりしとかなきゃいかん。これは国の基本である。

それから、国防だ。私はもちろん、戦争をしようとか、武力をもって日本の国策を外交上ナニしようとか、そんなことは考えていないけれども、少なくともね、防衛に当たってる自衛隊が憲法違反の疑いを残すような現在の規定を改めなければいかん。やはり、国を防衛するのは国民の義務の一つであり、国に忠誠を尽くさなきゃいかんということをないがしろにするのが間違っとる。

それから二院制。むだですよ、あれ。総理大臣が二度もおんなじことをやらなきゃならんのだよ。だから、私が憲法改正するときは一院制にすると思います。大体いまのは翻訳調だからね。変な文句でしょう……」

そして、金沢行きに見られるように一見孤立的にみえる岸の改憲キャンペーンは、このところ再燃しはじめた。日本をめぐる内外の防衛論議と確実に連動している。岸は足しげく、いとも気軽に自由主義圏を駈けめぐり、なにかの布石を打って回っているふうだ。つまりエサを投げ歩いているのである。

証言者の一人、長谷川峻（元労働大臣、自民党衆院議員）は、
「岸さんの保守の筋道を判断する力は大したものです。外国にまだまだ顔がある。奥の院におさまっておられる人じゃないですよ。実践的なんだから。引退するなんてうわさもわかりませんよ。それでも岸さん、選挙公報の年齢のところが気になって仕様がないらしい。受田新吉《うけだしんきち》君（岸と同じ山口二区選出の民社党衆院議員）から聞いたんだけど、この前の選挙ではいままで行ったことのない島にまで出かけたというじゃないですか。そして、演説が終わると演壇からポンと飛び下りてみせる。カール・ベームは芸術的興奮から指揮台を飛び下りるんだそうだけれどもね」
と皮肉まじりに岸の健在ぶりを語った。この一年間だけをみても、岸は六回外遊している。
中南米・米国（昭和五十二年九月三日から二十一日、人口問題議員懇談会使節団として、国連その他に要請、カーター米大統領と会談）、
韓国（九月二十八日から十月一日、日韓協力委定例会議に出席、朴正熙《パクチョンヒ》大統領と会談）、
台湾（十月二十五日から二十八日、双十節の祝意、蔣経国《しょうけいこく》行政院長と会談）、
韓国（十一月六日から十日、アジア国会議員連合第十三回総会に出席）、
台湾（五十三年四月四日から五日、故蔣介石《しょうかいせき》三回忌に参列）
五十三年六月十九日にも、蔣経国の総統就任式参列のため、また台湾に飛んだ。

「滞空時間は政治家の中で最高」というのが定説になっているほど、岸の外国歴訪は頻繁である。高齢で手控えている気配はない。そのつど各国のトップと話し込み、なにかが語られているが、政権から離れたあとは、その中身が表面にでることはほとんどなかった。

かつて日中で名前を売った旧内務官僚出の硬骨漢、古井喜実《ふるいよしみ》（元厚生大臣、自民党衆院議員）はそんな岸への懸念を隠さなかった。

「岸さんがなにをたくらんどるかだ。国際的にもインドネシアに行ったり、韓国、台湾だけじゃないよ。大きな幅で動いてる。

僕は岸さんについて心配してるんだ。軍事拡張問題でだんだんキナくさい臭いがしてきた。たとえば自衛軍備の限界があやしくなり、核兵器まで持てそうになってきたろ。それから岸さんが火をつけたか、向こうがいったか知らんが、アメリカが韓国から撤退するちゅうことになって、日本の自衛軍備強化論が起こっとるだろ。肩がわりだ。アメリカは求めてくるに決まっとるし、岸さんだよ、火元は。それから不景気。輸出は頭打ちでやりようがないから、兵器産業で景気をよくしようという考えが強くなってるだろう。これは戦争さ。消耗しなきゃだめだ、こりゃ定石だよ、昔から。それの本山というか、大局的にそういうことをにらんで、そういう傾向を誰が助長しているかだ。考えてみろよ。頭のねえ国会議員なんて何もそんなこと考えとりゃせんから。どこぞにこの核はある。これは今後日本の大問題になる。岸さんとは今はいいませんよ。まあ福田なんか岸さんのいいなり放題だわ」

あるいは勘ぐりすぎのきらいがあるかもしれないが、古井の毒舌は核心をついていると思われる。

岸の大ジャパン主義と竹内好の岸批判

さて、第三の手がかりとして、最近竹内好《たけうちよしみ》というユニークな一思想家の死を契機に起こっている「岸とアジア」についての論議に注目した。論議と言えるほどのものではないかもしれないが、岸政治を知るうえで見逃しにできなかった。

中国文学者で魯迅《ろじん》研究の第一人者として著名だった竹内が、食道ガンでこの世を去ったのは昭和五十二年の三月三日のことである。告別式は十日、東京・新宿区南元町の千日谷《せんにちだに》会堂で行なわれた。この席で哲学者の久野収《くのおさむ》が弔辞を読んだ。なかに次の一節がある。

「……書物におぼれるよりも、現実との対決をえらび、あとで書物にもどって書物を読み直し、新しい諸発見をとりだしたあなたは、対人的情誼や信義を重んじながら、事柄の折り目や筋道を正すことを忘れず、その上に人権や正義の実現をはかられたという意味でまことに人生の生き方の一つのモデルであったと思います。

あなたの六〇年安保闘争の正面の敵手であった岸信介氏が、その後あなたのアジア認識を聴講したいと切願したという話を耳にしたことがありますが、そういう話があっても少しも不思議ではないでしょう……」

死去の十七年前の昭和三十五（一九六〇）年、安保闘争の頂点で竹内がとった行動は広く知られている。新安保条約が衆院本会議で強行採決された翌日の五月二十一日、竹内は東京都立大教授の辞表を提出して学園を去った。当時、友人たちに郵送した辞任あいさつには、

「私は都立大学教授の職につくとき、公務員として憲法を尊重し擁護する旨の誓約をいたしました。五月二十日以後、憲法の眼目の一つである議会主義が失われたと私は考えます。しかも国権の最高機関である国会の機能を失わせた責任者がほかならぬ衆院議長（清瀬一郎《きよせいちろう》）であり、また公務員の筆頭者である内閣総理大臣（岸信介）であります。

このような憲法無視の状態の下で私が都立大教授の職にとどまることは……」

と印刷されている。竹内は辞職という非常手段で岸の安保改定強行に抗議した最初の大学教授だった。その竹内に岸が後日声をかけていた、というのである。久野収の記憶によると、岸が退陣し池田内閣ができてかなりたったときだったという。

「ちょうどそのころ、岸から安保反対派のインテリに『一席を設けお話を承りたい』と呼びかけがありました。これに応じたのは私が知ってる限りでは永井道雄《ながいみちお》（当時、東京工業大学助教授）でしょう。都留重人《つるしげと》（当時、一橋大学教授）もそうかもしれない。ほかにも何人かいるはずです。ところでこの岸の呼びかけの、本命は実は竹内さんなんだ。竹内さん

が研究していた『大アジア主義』について話を聞き、筋金入りのファッショ主義を、当世風にもう一ぺん洗い直したかったのだと思いますね。竹内さんも当然のことだが、この誘いには乗らなかった。あとになって竹内さんから、岸から誘いがあったことを聞いた。彼は笑いながら『ご辞退申しあげたね』といっていたことを覚えています」

人選をしたのは大日向一郎《おおひなたいちろう》（日経映画社取締役）。大日向は日本経済新聞の政治記者時代、岸番として岸と親交を深めた。大日向のところには、三十七年の秋ごろ岸から、「反安保だった文化人の人たちと会って、一度話をしたいな。ひとつ君、斡旋してくれないか」と依頼があり、岸は都留重人の名前だけあげた。

大日向は都留の家に出向き、承諾をえたので、「二、三人、似たような人を連れてきてほしい」と人選を頼んだという。

その後のことは、大日向によると、

「都留は加藤周一《かとうしゅういち》（当時、評論家）にまず声をかけたが、『行けない』ということで、次に永井道雄に話をもっていった。永井の返事はＯＫで、竹内好には別の人を介して頼んだが断わられたんです。私は『せっかく会って話を聞くのだから、都留さんの本を読んでおいたらいかがですか』と著作を二、三冊持参し、岸は会う前にサッと読んで『全部わかった』といってました。

結局、話し合いはホテル・ニューオータニの一室で昼間二時間ほどやって、出席者は岸と都留、永井に私の四人。水割りとピーナツ、コーヒーくらいは用意したが、二人とも非常に警戒していて、永井は『饗を受けたといわれたくない』などといって、水割りには手をつけなかったね。都留は少し飲んだが……。話は全体的に非常にお粗末なもので、どういうことはない内容だったと思います。とにかく二人とも緊張していて、都留は気取って蝶ネクタイをしめてきたし、永井は終始コチコチになってましたね」

というこだ。この席の模様について、永井は電話取材でこう答えている。

「一席設けるといったもんじゃありませんよ。話はしましたけどね。三〇分ぐらいじゃなかったかな。とりたてて働きかけがあったということでもなし、あまり中身のある話ではなかったと思います。向こう（岸）は『自分のあとは、なんとか福田（赳夫）さん』なんてことをいってました」

証言を総合すると話合いは実り薄いものだったようだが、その時期岸がなぜ反安保の学者グループとの対話を思い立ったか、また久野がいうように岸が目ぼしをつけたのが都留ではなく竹内だったとすれば、それはどんな意味をふくんでいたのだろうか。

教授の職を捨てただけでなく、六〇年安保闘争において竹内は行動的だった。学者、文化人の集まりである「安保批判の会」「安保問題研究会」の有力メンバーであり、居住地の武蔵野市では「安保批判むさしの市民のつどい」をつくってデモをやっている。

五月十八日「安保批判の会」代表一一人の一人として、岸に面会し、国民請願の尊重を

訴えたとき、岸は、

「尊重します」

と答えたが、次の日採決が強行された。この直後発表した竹内テーゼは激越である。

「五・一九を境にして安保闘争の性格は変った。今や民主か独裁か、これが唯一最大の争点である。民主でないものは独裁であり、独裁でないものは民主である。中間はありえない。この唯一の争点に向かっての態度決定が必要である。そこに安保問題をからませてはならない。安保に賛成するものと反対するものとが論争することは無益である。論争は独裁を倒してからやればよい。独裁を倒すために全国民が力を結集すべきである」

この竹内テーゼは安保闘争を棚上げするものだと、当時反日共系全学連の攻撃のマトになった。しかし、請願とデモ以外に闘争の手段を持たなかった社共両党などには歓迎され、「民主主義を守る××の会」が各地に生まれた。

丸山真男《まるやままさお》、清水幾太郎《しみずいくたろう》らとともに竹内は岸打倒のいわば理論的扇動者だったといえる。

そのころ、竹内は講演会に出ては、

「いままでわれわれはあまりにもお人好しでした。何回も彼を許した。戦犯であることを許し、ベトナム賠償のときに許し、許すごとに彼はわれわれの許したことを栄養に吸い取って、ファシストとして成長してきた」

と訴えた。多くの反安保知識人と違って、竹内が改定阻止の第一の理由においたのは、新安保が米国の中国敵視政策に追随したもので、それが日中国交回復の妨げになる、という点だった。米国より先に、竹内の反安保の原点には中国があり、アジアがあった。

岸と竹内の対面が実現しておれば、岸はそれになにを期待したのだろうかという問いに久野は、次のような解説を加えた。

「悪徳に輝くような人物」

「竹内さんは、アジアにおけるナショナリズムの伝統を国家よりもっと深いところで組織しなおして、国権主義とか国家膨張主義を撃とうとする立場ですよ。つまり階級主義とかマルクス主義を通して革命するのではなく、ナショナリズムを通じてそれをしようというものだ。それにはアジアの下からの民族主義が有効と考えたわけですよ。

岸はそこを利用しようとした。岸も日本の民族主義を使って国家機構を作りかえ革命しようとする点では竹内さんと重なりあう点がある。しかし、目指すところは全く正反対なんだ。岸は上からの変革だ。膨張主義です。大ジャパン主義ですよ、悪徳が輝いていますよ。国家膨張主義をいったん認めたかぎり、光り輝くものに変わってしまうわけだね。日本にはこういう悪徳で輝くような人物はわりに少ないですよね」

「岸とアジア」のかかわりあいが岸政治のもっとも重要なポイントである、という久野の指摘は傾聴に値しよう。

岸は評判のいい政治家ではない。戦前、戦後を通じて岸と行動をともにし、いまは距離を置いている赤城宗徳《あかぎむねのり》（元農林大臣、日ソ親善協会会長）は、

「頭がよくて行政をテキパキと片づける能力があり、官僚政治家としては立派だね。だけど民衆政治家ではない。大衆に対する愛情がない。度胸、先の見通しといったことにはすべて欠けるところがないが、人情味がないんだな。

彼の政治路線も占領政策を是正しようとしたのはいい。だが、そういいながら対米一辺倒の路線をとってきた。私はこれは矛盾していると思いますね」

と不評の原因を指摘した。しかし、岸の周辺の人たちは総じて岸の人柄にほれこみ、スケールの大きさを指摘する。退陣後の十数年間、岸の秘書をつとめた松岡敬祐《まつおかけいすけ》（山口県熊毛郡平生町町長）も岸礼賛論をぶった。

「最近も日韓癒着とか台湾の問題であれこれいわれているが、岸さんが韓国や台湾に行っても、いつも公式スケジュールがいっぱいつまっていて、怪しげな人物と会ったり、変な動きをするヒマはありませんね。日本人でアジアの要人とすぐに会えるのは、岸さんだけしかいないので、妙なうわさを立てられるのかもしれない。四月はじめも台湾に出かけているが、表向きは蔣介石の三回忌に列席となっている。だがそんなことだけの用事なら岸さんがわざわざ足を運ぶことはない。私は日中条約交渉とからんだ訪台だと思います。

これにかぎらず、岸さんが動くことで日本の政治路線が対外的に確認されるという意味

があるんですね。それと岸さんはいままでずっとカネに不自由しなかった。ご自身も『オレは一生カネに恵まれていた。だからいつも天下、国家のことばかりいってこられた』と述懐してましたから……」

赤城と松岡の評価はどちらも本当なのだろう。岸がいまにいたるも旺盛な活力を持ち合わせ、長老政治家の中で最も生臭い存在であることは、これまで述べてきた通りだ。しかし、岸政治を論じる場合、つねに問題となる岸とカネのからまりについては後述する。

ところで、岸のいまの肩書を聞いてみると「長」のつくものだけでも、

日米協会会長
日英議員連盟会長
日豪議員連盟会長
アジア国会議員連合日本議員団団長
日韓協力委員会会長
フィリピン協会会長
アフリカ経済開発協力議員連盟会長
日伯国会議員連盟会長
自主憲法期成議員同盟会長
自主憲法制定国民会議会長

日本中小企業政治連盟総裁
国際人口問題議員懇談会会長
家族計画国際協力財団会長
皇学館大学総長
観光資源保護財団会長
日本美術協会会長
日本盆栽協会会長

——とある。岸事務所のスタッフは、「まだ落としているものがあるかもしれませんが」と苦笑していた。

岸はまぎれもない現役なのである。

巣鴨釈放、不起訴のナゾ

「戦後の岸」は、強引にしかも幸運な経過のなかで権力掌握を試みた。自身のグランド・デザインに血を通わすために、政権を手中にすることが不可欠の条件と考えたのだろうが、岸の場合、他の政権担当者が頂上にのぼりつめるのに全精力を注ぎ込んだのと違って、「いずれは自分の手に」とはじめから決めてかかっていたような図太さがある。

政治家としての岸の戦後は巣鴨出所からはじまった。昭和二十三（一九四八）年十二月二十三日、A級戦犯のうち東条英機（元首相）ら七人が処刑され、翌二十四日昼ごろには岸らが不起訴で釈放された。

五十三歳の再出発。だが「幸運な」と単純に表現するのは正確でないかもしれない。岸が戦争犯罪人をまぬがれた経緯については、いまにいたってもナゾ解きができていないからだ。

当時、誰もが岸は有罪とみていた。戦時日本の寵児だった岸を、戦勝国が犯罪者リストからはずすはずはない。岸もそれを覚悟していた。少なくとも周囲にはそう映ったのである。岸の一人娘、洋子（安倍晋太郎夫人）も、

「巣鴨に行くときには、私どもはもう帰ってこないかもしれないと思っておりました。父もその覚悟で行ったようでした」

と二十年九月十五日、山口県熊毛郡田布施村（現田布施町）の実家から父親が連行された日を回想した。

戦前、農商務省で岸の四年先輩だった井野碩哉《いのひろや》（八十六歳、第二次岸改造内閣の法務大臣、現新宿ステーションビル会長）は、入省間もないころの岸を築地の花柳街に連れ出し芸者遊びを仕込んだりした仲だが、東条内閣では農林大臣をつとめ、岸と一緒に逮捕されていた。井野は巣鴨拘置所を二十一年秋に出ている。

井野の証言――。

「ほかの人たちにくらべてあまり出所が早かったので、私は間違って出されたのではないかと思ったほどだ。岸とは、獄中で戦後はじめて再会することになったが、私には『やる

だけのことはやったんだから、たとえ死ぬことがあっても仕方がないと思っている』といっていた。ハラをくくっていたと思うね。岸君の釈放が私より二年おくれたのは、戦争責任の問題だけでなく、満州の問題と捕虜虐待の疑いを持たれていたからだ、という話を聞いたことがある」

満州問題では二十二年暮れ、満州で岸に仕えた椎名悦三郎（元満州国政府産業部鉱工司長、自民党衆院議員）も、東京・市ヶ谷の米検事局に八回も呼び出しを受け、岸の容疑について尋問を受けている。

「本当に知りたいことは何なのかと、いろいろ思いめぐらせながら質問に答えていたが、岸氏が日本の軍部のために、満州の経済侵略を担当していたことを立証するのがポイントらしいとわかってきた。しかし、岸氏が渡満したのは昭和十一年の春で、すでにそのときは開発五か年計画は立案を終わり、実行の緒についた段階であった。だから岸氏によって満州の経済開発が立案され遂行されたというのは事実に反するわけで、私はこの点を強く主張した」（椎名悦三郎『私の履歴書』）

しかし、岸は革新官僚のキレ者として満州に送り込まれ（実業部次長、総務庁次長を歴任）、在満三年のあと十四年十月帰国するときは、大連港の埠頭で、

「出来ばえの巧拙は別にして、ともかく満州国の産業開発は私の描いた作品である」

と記者団にうそぶいたほどだった。そういわせるくらい岸は満州国に君臨し、短期間の

うちに軍部と組んで臨戦体制の基盤を整備した。「満州の岸」に疑惑の目が向けられるのはごく自然のことであったろう。

帰国後の岸は、商工次官に栄進し、十六年十月には東条内閣の商工大臣、商工省が軍需省に改編されたあとは国務大臣・軍需次官（軍需大臣は東条首相の兼務）のポストにあった。満州時代を含めて岸が戦争遂行の中枢にいたことは疑いようがない。

にもかかわらず不起訴、釈放になったのはなぜなのか。井野の見解はこうである。

「米国が岸だけを特にどうこうしようとしたのではない。米国は天皇を戦犯にしたくなかった。そのためにトルーマン（大統領）は苦心した。東京裁判のキーナン検事に相談して、キーナンの『戦争を指導した人は戦争犯罪人だが、単に戦争に賛成したにすぎない人は戦犯にはならない。国際法上もそうなっている』という意見をいれた。

その結果、天皇が戦犯にならなかっただけでなく、私や岸も救われることになった。

戦争を指導した人と賛成した人との区別の基準は、戦争最高指導会議のメンバーに入っていたかどうかだった。この会議には、商工大臣の岸君や農林大臣の私は入っていなかったが、大蔵大臣の賀屋興宣《かやおきのり》や書記官長の星野直樹は入っていた。この二人が起訴されて有罪となり、私たちが不起訴となったのは、こういう事情によるものだ」

最高会議は、大本営政府連絡会議と呼称され、ここで決定されたことが形式的に閣議や枢密院会議にかけられた。しかし、東条や賀屋、星野が戦争指導者で、岸、井野らが賛成者でしかなかったという判別は、なんとも奇妙であるし、軍需次官の犯罪性が会議の出欠問題だけで吟味されたとも信じ難い。

東条の死と岸の生還という天地の差の間に一つの事件が浮かびあがってくる。そのヒントになったのは、満州時代の岸の部下である武藤富男（元総務庁法制処参事官、のちに弘報処長、明治学院名誉学院長）の証言だった。

武藤は東条内閣が崩壊した直後の昭和十九年七月、岸とともに満州を牛耳った「二キ三スケ」の一人、星野直樹（元満州国総務長官、岸は次長）を訪ねた。

その折、星野は武藤にこんなつぶやきをもらしている。

「岸は先物を買った」

「どういう意味ですか」

「東条内閣を岸がつぶしたことだ」

しかし、どうして先物買いになるかについて星野は語ろうとしなかった。

「戦後、再び星野さんに会ったとき、もう一度『先物を買ったというのは、岸さんが敗戦を予期していたということなのですか、それとも戦犯を免れるためということまで考えて岸さんが東条内閣をつぶしたとあなたは見通したのですか』と問い質してみたのですが、相変らず、星野さんは黙したまま答えてくれませんでした」

と武藤はいった。

星野は近衛内閣の企画院総裁（国務大臣）に招かれて満州から帰国、東条内閣では書記官長として太平洋戦争開戦の詔書を書いた。戦後はA級戦犯に問われて終身刑の判決を受け、岸におくれること七年、昭和三十（一九五五）年十二月に仮出所。現在は都内新宿区の自宅で病床に伏し、口も利けない状態のまま五月二十九日、死亡。

いまとなっては確かめるすべもないのだが、長年岸とつきあいながらハダのあわなかった星野の直感は、おそらく武藤の推測の後者、つまり、「戦犯のがれのため」の方だろう。星野が返答を渋ったところをみると、そうとしか考えられない。

防長尊攘同志会

さて、岸の東条打倒事件というのは有名な話で、サイパン決戦をめぐって岸が東条と激突し、辞職要求も突っぱねたため、東条内閣は閣内不一致で総辞職に追い込まれた。

戦争遂行の最高責任者だった東条とのケンカに検察側が着目しないわけはない。岸は辞職後、郷里の山口県に帰ると東条派の憲兵に見張られながら防長尊攘同志会という組織を作り、県内を遊説して回っている。

郷里の岸の旧友、中野仁義《なかのひとよし》（山口市湯田温泉で旅館「山水園」を経営）がその前後の事情に通じていた。

「巣鴨から出てきた直後に、岸さんはオレにこんなことをいっていた。『巣鴨に入って一番初めに、アメリカの検事が中野仁義を知っているかと尋ねたのでびっくりした』とね。これはどういうことかといえば、防長尊攘同志会のことだ。ここで岸さんは打倒東条の運動をやっていたのだ。打倒東条だから巣鴨から出てこられたということだ」

岸が気を許している中野の「反東条だから出てこられた」という証言は、星野による「先物買い」の直感と武藤の推理をほぼ裏づけている。倒閣――防長尊攘同志会で示した反東条の政治行動が、戦犯容疑を割引きさせる効果を生んだことは間違いない。

A級戦犯容疑者で岸とともに不起訴で釈放された安倍源基《あべげんき》（元警視総監、終戦時の鈴木貫太郎《すずきかんたろう》内閣で内務大臣、新日本協議会代表理事、岸と同郷）も防長尊攘同志会について語った。

「岸君がなぜああいうものをつくり、なにをしようとしたかはよく知らない。ただ私が内務大臣のとき、当時の山口県知事から同志会の実態について説明を受けたことはあった。そのときの説明では『大した組織ではなく、結社取締りの対象にしなければならないほどのものではない』ということだった。

しかし戦後、巣鴨に入れられてから、GHQの諜報関係の人から同志会についてくわしく聞かれたことはある」

東条との対決、同志会の結成が、純粋な政治信念だけによるものか、敗戦を見越した戦犯のがれのための布石だったのか、あるいはその両方かを見分ける確たる証言はない。

だが、結成が戦争末期だったため見るべき活動もしないままに終わった同志会に、検事が強い関心を寄せたのは確かである。岸は終戦の年の二十年二月ごろ、ひどい坐骨神経痛に悩まされ、郷里の俵山温泉で一か月以上も湯治療養を強いられている。とても政治活動に走り回る肉体的状況ではなかった。しかも「尊攘」などというカビの生えかけた、逆に言えば意表をつく命名をしたのも意図的とみられないこともない。

商工大臣時代に『毎日』記者から岸の秘書官になった山地一寿《やまじかずとし》（家族計画国際協力財団理事長）の記憶によれば、岸が閣議の席で東条弾劾をやった夜、書記官長の星野が東京・淀橋の私邸に岸を訪ねてきた。説得のためだったが、岸は会わずに追い返したという。星野の岸に対する懐疑がさらに深まったことは十分に予想される。

東条打倒を星野が「先物買い」と見抜いたのは多分マトを射ているのだろう。だがしかし、そうとはっきり断定できないところに複層人間としての岸の本領がある。政治信念と打算を両立させることぐらい岸にとっては、容易なことだったと思われる。

岸と同郷で、安倍源基と内務省の同僚だった松岡英介《まつおかえいすけ》（元山口県熊毛郡平生町町長）は、「私は山口中学で岸さんの二年先輩だ。特に親しくはなかったが、岸さんは子供のころから非常に聡明な男で、ひとことでいえば一を聞いて十を知る男だった」

と批評した。それは一の行動によって十の効果を計算できる男、といいかえることもできる。

岸の不起訴については、いま一つ米国の政治配慮が働いた、という説がある。

元政治記者の大日向一郎によると、

「なぜ不起訴のまま釈放されたかで岸さん自身の口から話を聞いたことは一度もないが、これはもっぱら米国側の事情によるものだろう。米ソの冷戦が進行するにつれて、米国のねらいが、戦犯処分から日本の復興に重点を移すようになり、戦犯容疑者も含めて有能な人材を解放させる必要が生じたわけだ。

考えてみれば、東京裁判というのはまったくの茶番だった。岸さんものちになって『あれは茶番劇だな』といっていた」

という。同趣旨の証言はほかにも何人かから聞いた。また大日向の話では、巣鴨入りして二年ぐらいたったころ、岸の弁護を引き受けていた大学時代からの友人、三輪寿壮《みわじゅそう》（元社会党衆院議員）が、

「ひょっとしたら助かるかもしれない」

と教えてくれたと、岸があとでもらしたというが、そのときも米ソ対立を背景とした対日政策の変化に理由があったようだ。

郷里で岸を後援している久楽利郎《くたらとしろう》（元山口県新南陽市市長）は当時、巣鴨に面会に行った実弟の佐藤栄作（元首相）に岸が、

「オレがここを出られるかどうかということは国際情勢が反映しているようだ。米国とソ連が仲良くしているころは、いつクビをはねられるかと心配していたが、米ソの間の仲が

悪くなってからは、そんなことを心配する必要もなくなった。それどころか待遇まで随分とよくなってきた」

と話したのを、佐藤から聞いていた。

出所後、岸は秘書の山地にこういった。

「もともとオレは、戦犯容疑という点では井野と変わりがないと思っていた。だから井野が釈放されたことを知って、オレもいずれ出られると思った」

拘置所にいて米国の政策変化など情報を入手し、反東条の行動が検察側に与えた好心証も計算しながら、岸は不起訴確実と踏んだものと思われる。

希薄な「戦犯意識」

ところで、奇妙なことに岸には戦争を指導した要人としての罪の意識はきわめて希薄だった。逮捕の前に、岸の恩師で同郷の旧制一高元校長、杉敏介《すぎとしすけ》が、「命よりも名を惜しめ」という内容の自決を促す歌を送ってきたことがあったが、岸は「私は考えが違うのだ」といって返歌をした。その中身は、日本のやり方が正しかったことを末代まで伝えなければならない、といった趣旨だったという。

山地の証言では、

「岸さんは法廷闘争の過程で、日本が正しかったことを訴えるつもりでいたようだ。結局は不起訴となったから法廷闘争の過程で訴えるチャンスはなかったが……。巣鴨に引っ張られたあと、法廷闘争をやることが必要だということになり、中安閑一《なかやすかんいち》さん（宇部興産専務、岸の旧制山口中学時代の同窓生）の世話で、宇部興産の東京支社にそのための事務所が置かれた」

という。助命歎願の域から岸ははるかに踏みだしていたのである。

釈放の日、岸はジープで官房長官だった佐藤栄作の公邸（首相官邸の下）に送られてきたが、女中はコジキがきたと思った。作業服に戦闘帽、ズタ靴、丸坊主にヒゲまで生やし、目だけがギョロついていた。

戦前から岸・佐藤兄弟と因縁の深かった福家俊一（元自民党衆院議員、四国電子計算センター社長）も、当日のことを鮮明に覚えている。

「岸さんが出てくるから、という連絡を佐藤さんからもらったのは、出所の一〇日ほど前だった。佐藤さんはおそらく弁護士の三輪さんを通じて、出るらしいということを知っていたのだろう。その日に、池田勇人の彼女ということで有名な女性がやっていた『永田倶楽部』というヤミ料理屋で会った。椎名、佐藤、岸さんの妹（敏子）のムコさんの恒光四郎《つねみつしろう》（三和銀行取締役）、秘書の山地、秋本《あきもと》（健《たけし》）なんか一四、五人が集まったが、あとから知って駆けつけたものもいたから、最後は三、四〇人になっていた。岸さんは最初に『寿司を食いたい』といったので、トロの寿司を用意した」

藤山愛一郎（岸内閣の外務大臣、日本国際貿易促進協会会長）からも、その日のうちに岸あてに電話がかかった。

「君も政界を追放された身だ。すぐ何をするといってもできないだろうから、とりあえず僕の会社にこないか。遊んでいたまえ」

「おまかせする」

翌日、藤山が社長の日東化学工業の定時株主総会で、岸は重役陣に名を連ねた。財界の大御所である藤山は戦前から資金面での最大の後援者だった。岸との長い間の資金パイプが、結果的に藤山の人生を狂わせ、のちには岸と仲違い同然になるのだが、出所のころは政界も激動期にあった。

出所前の十二月二十三日は、第二次吉田内閣の不信任案が衆院本会議で可決され、吉田は同夜解散を断行した。昭電疑獄で芦田内閣が倒れ、あとを継いだばかりのときで、出所してきたとき官房長官の佐藤は臨時閣議の席にいた。

第2章　権力への階段

巣鴨から政界へ、戦後のスタート

巣鴨から政界へ、岸は足早だった。その手法はかなり荒っぽく、直線的である。

かつて岸と自民党総裁を争い、いまは引退した石井光次郎《いしいみつじろう》（元衆院議員、日本体育協会名誉会長）は、「戦後の岸」を次のように評した。

「あの人は戦前から官僚として要衝についてきたエリートだ。戦争に負けて戦犯になったが、出てくると『全体的に日本の国にとって失敗だった。この罪ほろぼしのため、もう一度死んだつもりで政界で大いにやろう』ということだったろうと思うんです。

戦前活躍した人の戦後の生き方には二通りも三通りもある。責任を負って坊主になったつもりで引っ込んでしまおうという人。賀屋興宣のように、何か勤めなきゃいかんから国会議員にはでる、しかしもう責任あるようなことはなるべく避けたいという生き方。あの人は決して出しゃばったことをしない人だったということを、彼のあとに僕は法務大臣になって役人から聞いたことがある。もっと積極的にバリバリやったのが岸君のような人だ。第三の型だな。

彼は本当に国に対して申しわけないという点で、その通りの効果はあったろうと思うよ。戦時中の行動はいろいろあったけど、それは償われたでしょう」

だが、石井がいうほど出所後の岸の心境は、すっきりしたものではなかった。巣鴨をでた直後、岸は山口県の実家に一時帰っている。

ちょうど三十年前の岸を追って、田布施町の岸邸を訪ねてみた。白塀の、大きな門構えではあるが、豪邸ではない。古びた平屋建ての農家で、隣家の方が見栄えがする。玄関わきのタタキの壁には、勲章をぶらさげた岸の肖像写真が飾ってあった。

戦前の岸家は名門の大地主で、山陽線田布施駅まで約二キロの道のりを、他人の土地を踏まずに行けたという。留守番役の高下《こうげ》家は、八代にわたって岸家に仕えてきた。

いまの高下友三郎《こうげともさぶろう》(農業)も、田布施町議をつとめるかたわら夫婦で岸家に住み込んでいるが、高下は三十年前の岸の帰郷を日付まで正確に記憶していた。

「巣鴨を出られた旦那様は十二月二十七日にこの家にお帰りになりました。そのときに、『これからは罪ほろぼしに農業をしながら余生を送ろうと思っている。裏に小屋でも作るかなあ』と話しておられました」

　この短期間の田布施帰りのときに、岸と接触した人物は何人かいる。松岡英介もその一人である。

「あのときは、何回も田布施の家に見舞いにいったんです。巣鴨から出てきた直後だというのに、岸さんは特に悪びれたふうもなかった。戦前とくらべて、体も頭も衰えているという感じではなかったですね。

　いろんな話をしたが、岸さんは『公的にいろいろと大きなことをいえる時期ではない』といって、政治向きの話はまったくしなかった。しかし、出獄の当初から政界復帰の気持はしっかりもっていた。自分からそういったわけではないが、彼がハラの中で決意していることはよく感じとれましたね」

　出所後の翌昭和二十四年一月十九日、田布施の実家に藤山愛一郎から一通の電報が届いたのをきっかけに岸は行動を起こす。容疑が晴れてわずか一か月たらずで、岸は戦後のスタートを切ったことになる。

　岸にとって、戦前と戦後はほとんど矛盾なく連結していた。高下に語った「余生は農業でも……」は、独房から故郷に帰りついたときの瞬時の感傷としてあったとしても、岸のハラは獄中ですでに決まっていた、というのが周囲の一致した証言だった。そして岸は戦前やったと同じことを戦後も継続して取り組んだ。政治行動の面でいえば、それは新党運動である。

小笠公韶《おがさこうしょう》（岸内閣の官房副長官、自民党参院議員、自民党徳島県連会長）の証言をまず聞こう。小笠が昭和四（一九二九）年、商工省に入ったときは、岸が大臣官房で書記官。同じ官房の統計課長にのちの内大臣、木戸幸一《きどこういち》がいた。

岸とのつきあいは戦後も大分過ぎてからだが、小笠は、

「岸さんほどいろんな点でひらめきの早い人はいない。彼はどういうわけか、すぐ新党結成ということを口にするクセがあるが、これも独特のひらめきの一種なのだろう。岸さんは自分が政治的に行き詰まってくるとすぐ新党運動を起こそうとする。だが、一定の哲学をもっていて新党を唱えているわけではないのだから、いってみれば、目先を変えようとしているだけのことだ。あの人はそういうことを思いつくことが非常にうまい」

といった。たしかに、岸の新党志向には性癖じみたところがないでもない。

最近の話になるが、四年前の昭和四十九年夏、田中内閣の足もとがぐらつきだしたところである。

副総理の三木武夫《みきたけお》が田中の金権政治を批判して辞任し、同じく反田中姿勢を強めていた大蔵大臣、福田赳夫がどう出るかが注目されていた。たまたま三木が辞任した翌日の七月十三日夜、赤坂の料亭『中川』で、福田を囲む会が開かれ、岸に保利茂《ほりしげる》、園田直《そのだすなお》、坪川信三《つぼかわしんぞう》、根本龍太郎《ねもとりゅうたろう》らが出席した。

ときがときだけに議論がはずみ、田中寄りの根本が、

「この際、福田君は辞めるべきでない。なんとしてもとどまるべきだ」

と主張したのに対して、岸は頭から反対し強硬論をぶった。

「いや、絶対に辞任すべきだ。田中は選挙のあとの閣議でも、金権批判がでていることに対して『オレも改めなければいけないと思う』と平然といってのけたそうじゃないか。もはや度しがたい。辞めれば除名問題も持ち上がるかもしれない。それなら新党をつくればいい」

そのころ岸は福田に面と向かうと、もっと激しく、

「国会の中にいていくら田中批判をしてもだめだ。毒が回っている。もう国民大衆に直接訴えるしかない。まず日比谷公会堂、次が大阪の中之島公会堂、数寄屋橋でもいい。全国をぶって歩け、除名は望むところじゃないか」

とけしかけたという。福田は迷いに迷ったすえ辞任し、田中のあとの政権は福田を巧みに利用した三木にもっていかれた。福田が思いとどまっていたら、田中のあとガマは直接福田に回っていたかもしれないし、あるいは田中が持ちこたえる結果になったとも思われる。

だがそのことよりも、確たる展望もなく、最長老の岸がもっとも激越な「福田新党論」をぶったところが注目に値する。小笠がいうように、「目先を変えるひらめき」とみられ

ないこともないが、岸の政治歴をたどると必ずしも思いつき的でないことがわかる。

最初の〝岸新党〟

ところで、岸の新党志向といえば、これは戦前にさかのぼらなければならない。東条内閣が倒れたあと組織された護国同志会は、岸新党の最初の試みだった。

当時の中心人物の一人、船田中《ふなだなか》（元衆院議長、自民党副総裁）によると、

「昭和十七年春のいわゆる翼賛選挙で新進官僚とうたわれた商工大臣の岸信介、農林大臣の井野碩哉両氏が当選された。そのときに当選したもので翼賛政治会が結成され、それがのちに大日本政治会に改組され、南次郎《みなみじろう》陸軍大将が会長になった。私たちは前々から幹事長に岸氏を推薦しようと、赤城宗徳君とか、のちに社会党に入った小山亮《こやままこと》君、笹川良一《ささがわりょういち》君とともに南大将のところに押しかけ、強談判《こわだんぱん》したが、とうとう目的を達することができなかった。

ところが間もなく軍需省ができて、岸氏がその次官になった。軍需次官は代議士を兼務することができないというので岸氏は議員を辞職した。私たちは中心人物を失ったため、井野君ら同志諸君と相談して約三〇人の議員を集め、護国同志会という組織をつくった。

この会はいろいろ誤解もされたが、右から左までの人が入った。すなわち右の方は戦犯で絞首刑になった橋本欣五郎《はしもときんごろう》君とか佐々井一晃《ささいかずあき》君、笹川君。左の方はいまも社会党にお

れる三宅正一《みやけしょういち》君、故人になられた杉山元治郎《すぎやまもとじろう》君、川俣清音《かわまたせいおん》君。もちろん赤城、小山という諸君も入った。

われわれは戦争には協力するが、ややもすれば軍部が独裁的な政治をやろうとしている。このことに反発して、多分あれは二十年五月だったと思うが、戦時緊急措置法案が上程されたとき、護国同志会はこぞって反対した」（船田中「青山閑話」）

という経過である。橋本、笹川の右翼から、三宅、杉山、川俣の右派社会民主主義者まで、幅の広い不可思議な混合組織だった。

この経験が戦後、日本再建連盟時代の発想につながっていくのだが、もう一人、護国同志会についての井野の証言。

「この団体の趣旨は戦時統制のやり方を研究するというものだが、簡単にいえば岸をもりたてる会のようなものだった。岸は表立って役員にはなっていなかったが黒幕だった。メンバーのほとんどが岸の非凡さを見抜き、将来は総理にしようと考えていた。この当時の政治家で、岸が将来総理になる男だ、とみていた人は多かった」

これと前後して、岸は先に触れたように、郷里で防長尊攘同志会をつくっている。東京と山口で岸が手がけた二つの同志会がどう連動していたかははっきりしないが、戦争末期の極端に緊迫した世相の中で、岸は相当に無鉄砲な行動をとったことになる。

さて、戦後に話を戻すが、藤山の電報で上京したころの岸と接触した多久芳一《たくよしかず》（元満州合成燃料理事長、東京国際貿易センター会長）は、岸から新党構想を聞かされて驚いた経験を持っていた。

　多久は関東軍の経済顧問をしているころ、渡満した岸と意気投合し、軍の情報を提供した仲だった。

「戦後会ったのは、巣鴨から出た翌年の春まだ浅いころだった。彼は永野《なが の》護《まもる》の世話で東洋パルプという会社を設立したりしていたので、実業界の人間として生きていくものと思っていたんだ。ある日彼は『オレは最近弟の佐藤の家に同居することになったから、一度君にも家を紹介しておこう』といって二人で吉祥寺《きちじょうじ》の駅を降り、野道を歩いているときに、きっぱりと政界をめざす決意を語ったのを、いまでも覚えている。岸は突然『オレはこれからまた政治をやろうと思う。重光《しげみつ》（葵《まもる》）君と新党を起こすために、二人で全国を遊説して歩くことにした』といいだしてね。

　私は随分《ずいぶん》思い切ったことをする男だな、と思った。敗戦直後の日本国民がみんな意気消沈し、精神的に虚脱状態に陥っていたとき、巣鴨からでてきたばかりの岸にこの気迫があるのか、と驚いたわけだ。そのころ岸が作った詩がある。気迫横溢していてわかりやすいですよ」

　といって、多久が示したのが、次の漢詩である。

鬱屈三年意始伸
還来今日萬象新
誰言邦国妖雲蔽
満目満耳総是春

重光をかついで日本再建連盟をつくろうという新党構想は、のちに重光の変心で失敗するが、それはかえって岸の登場を早める結果になる。ところで公職追放中の岸は、表立って再建連盟結成に動く前に、自身の号からとった「箕山社《きざんしゃ》」という会社を銀座の交詢社《こうじゅんしゃ》ビルに置いた。二十四年暮、政治活動の事実上の始動だった。

箕山社のころ

箕山社のころは、片貝光次《かたがいこうじ》（国際開発センター社長）の証言がくわしい。片貝は昭和四十四年までの約二〇年間、岸の秘書をつとめた。

「箕山社は表向きは株式会社になっていたが、政治パージの人間が政治活動をしてはいけないことになっているからそうしただけのことで仕事は何もなかった。

毎日、政治家や財界人、公職追放中の大物、右翼などが姿をみせましたね。よく見かけた人では、椎名悦三郎、山下太郎《やましたたろう》、永野護、三輪寿壮、安倍源基、藤山愛一郎、南条徳《なんじょうとく》男《お》、三好英之《みよしひでゆき》、武知勇記《たけちゆうき》、川島正次郎《かわしましょうじろう》、福家俊一、中安閑一といった名前が記憶に残っています。当時岸先生を支援していたのは、どちらかといえば商工省時代にできたつながりではなく、個人的に親しい人たちだけだった。一般的には岸先生も戦犯容疑者だとみて、みんな敬遠していた。だから巣鴨からでてきた当時から巨大な人脈があったわけではない。一部の人たちは『カミソリ岸』と呼んで能力を高く買い、期待もしていたが、世間の人たちは誰もまだ復活をまじめに予想してなかったですね。先生も『オレはもう一種の隠居の身だ。日本復興に縁の下で力を貸すだけだ』といってましたから」

　箕山社はいわば戦犯組、追放組の溜り場だった。ここを根城に次第に岸人脈が固められ、岸擁立と反吉田勢力の核が醸成されていった。しかし、片貝がいうように、箕山社時代の岸が「隠居の身」に甘んじていたかというと、そうではなく、新党の画策はこの時期もひそかに進められていたのである。

　当時の裏面に通じている福家俊一の証言が正確だとすれば、左右社会党統一、保守合同が表面化する数年前（昭和二十六、七年ごろ）に、岸はいまでいう保革連合による新党構想に手をつけていたことになる。戦前の護国同志会とも一脈通じる動きだった。

　福家の話では、

「この話は知られていないことで岸さんもあまり喜ばないことだが、岸さんは社会党右派をふくめた新党をつくろうとしたのだ。岸さんが追放解除になる少し前で、再建連盟ができる直前だがね。

　社会党側は三輪寿壮さんが中心、しかし三輪さんだけでなく河上丈太郎《かわかみじょうたろう》（元社会党委員長）なども一緒になって、ということだった。この当時の社会党右派の連中は、戦前に産業報国会に協力した人の集まりなんだが、この産報というのが、岸さんが商工大臣のときにできたもので、新官僚群との提携があったわけですよ。だから産報の連中と岸さんは直結していたということだね。そういうつながりを土台に、社会党右派を合体して一大新党をつくろうとした」

　岸は三輪、河上、さらに西尾末広《にしおすえひろ》（のちの民社党初代委員長）、水谷長三郎《みずたにちょうざぶろう》（元商工大臣）、浅沼稲次郎《あさぬまいねじろう》（元社会党委員長）とも何回も密談も重ねた。

　福家によると、結果的に話をつぶしたのは西尾である。三輪、河上と流れが違って、西尾は松岡駒吉《まつおかこまきち》らの総同盟系で、戦争中、産報系が岸らと結びついたとき冷飯を食った経緯があり、それが一つのシコリになっていた。

　西尾はまた立場に律儀なところがあって、福家が岸の使者で口説きに訪れると、

「岸君は社会主義者ではない。彼は徹底した資本主義者で、社会主義者にはなれんよ。だから、両立や同化はしない」

　とはっきりしていた。最後には西尾がつぶしにかかった。福家は、

「そんなムチャなことはしないでくれ」

と泣いて頼んだこともあったが、西尾は頑として聞き入れず、

「福家君、国家のためなのだ。岸君は立派な男で、確かに宰相の器だ。僕は好きだよ。しかし、彼はとうてい社会主義者にはなれない。僕等は生粋の社会主義者なんだから」

と同調を拒んだという。逆に鈴木茂三郎《すずきもさぶろう》（元社会党委員長）、加藤勘十《かとうかんじゅう》といった左派の方が話し合いに応じる気配があった。しかし、真先に賛成すると思っていた西尾の反対で新党工作は不発に終わった。

当時、福家は郷里の先輩で自由党の長老、三木武吉《みきぶきち》（故人）の意見を求めたところ、

「それは甘いよ。水と油はしょせん一緒にはなれない。岸にそういっておけ」

と一笑に付したというから、もともと現実性の乏しい目論見《もくろみ》だった。まだ議席もなく、追放中の身である岸にとってこの新党工作は野心的にすぎた。

「岸さんはどうするつもりだったかというと、やっぱり時勢を見通したからだろうな。日本を再生させるにはこれがいいと思ったんだろう。そういう点では吉田ワンマンなんかと違って、進歩的なんだ。岸さんは今でも『あれができていたら、世の中変っていたのになあ』とちょいちょいいってるよ。

これだと中道の政治になっただろうな。一つには岸さんは共産党に社会党をくっつけたくなかったからこういうことをやろうとしたのだ。『共産党の天下にだけはしちゃあいかん』といつもいってたから……」

というのが、この幻の新党についての福家の結論である。

はじめての挫折

二十七年四月二十八日、サンフランシスコ講和条約が発効し、日本は形式的に完全独立国となるが、この前後から政界は本格的な再編期を迎える。

自由党は吉田・鳩山の対立が日増しに険悪になり、発足したばかりの改進党は、三木武夫、北村徳太郎《きたむらとくたろう》らの革新派と新政クラブから合流した大麻唯男《おおあさただお》、松村謙三《まつむらけんぞう》との確執が深刻で、党首さがしに躍起になっていた。社会党は両派に分裂したまま、政界全体をみると「反吉田」の機運が強まりつつあった。

この時期、岸の追放は解け、日本再建連盟を結成するのだが、ねらいは政治刷新を掲げ再編の中核勢力となることにあった。

再建連盟のリーダーにかつごうとしたのは、東久邇《ひがしくに》内閣の外務大臣をつとめ、ミズーリ艦上でマッカーサーと終戦に調印した重光葵。重光は極東裁判で禁固七年の刑を受け、出所したあとであり、国民的人気も相当なものだった。岸は重光に、

「とにかく今の政党というのはなっとらん。こんなもんで日本の再建はできない。政党を離れて別にだ、若い世代と国民運動をやる。そのために十年をかけようじゃないか。そしてほんとうの政党をつくってだよ、日本の再建をやろう」

と同調を求めたが、改進党も党首候補に重光を口説いていた。岸らの話にのるそぶりをみせながら、重光はドタン場で改進党総裁に走り、怒り狂った岸は、

「君とは今後いっさい大事な問題はだめだ」

と電話で絶交宣言をしている。

しかし、再建連盟の中心メンバーだった三好英之、川島正次郎らにしてみれば、重光かつぎだしはネーム・バリューを利用しようとしただけで、本心は岸の再起、擁立にあった。まもなく岸は会長に就任するが、再建連盟が打ちだした五大政策は岸政治の原型を示すものだった。とりわけ、
一、共産主義の侵略を排除し、自主外交を堅持して平和国家の建設を期する。
一、日米経済の提携を深め、アジア諸国との通商を密にし、産業経済の興隆を期す。
一、国民の総意に基づき、憲法を改正し、独立国家としての体制を整備する。
の三項目がその後の岸の政治・外交路線の基礎となった。憲法改正をうたうかどうかについて、連盟の内部で最後まで激論があったが、岸が、

「いずれ改正の機運が生れることについてはわれわれの間でも議論の余地がない。一時的な利害にとらわれて国民運動の前途を誤ってはいかん。必要だというなら、いまのうちにはっきり打ち出すべきじゃないか」

と断を下したという。一方、吉田政治に対する岸の舌鋒は次第に鋭さを増していく。

「占領中の歴代の首相がイエス・マンばかりだといっても、こりゃやむをえなかったんじゃないかな。問題はだね、独立国になった今日、果たして米国に対して毅然たる態度で臨みうるかということだ。ワンマンの周りにいる自由党、政府のイエス・マン、あれもけしからんねえ……」

といった調子で、相手かまわずまくし立てた。しかし、二十七年十月の総選挙で日本再建連盟は一六人の候補者を立てたが、当選したのは愛媛の武知勇記一人だけ。岸は出馬しなかったが、岸にとっては初めての手痛い挫折となった。

このころ郷里に帰った岸のことを岸家の留守番役、高下友三郎が覚えている。

「旦那様が地元を遊説されて、私に『若い連中を集めろ』と指示されたことがあった。私は再建連盟というものをよく知らなかったので、『どういう人を集めればいいのですか。たとえば一言でいってどの党の考えに近い人がいいのでしょうか』と尋ねたところ、『考えてみれば社会党右派かなあ』とお答えになった」

革新右派との連携はたえず岸の念頭にあり、さらに反自由党、反吉田の線を鮮明にするためにも革新色が求められたのだが、惨敗となると、岸の変り身は早かった。

再建連盟による岸新党をあっさり断念して自由党入りを決意。翌二十八年一月佐藤栄作の紹介で東京・目黒の外務大臣公邸に吉田を訪ねた。訪欧旅行にでかける挨拶が名目だったが、吉田とはこのとき次のようなやりとりをかわしている。

「今年の四月には参議院の改選があるだろう。君、参議院から出たまえ」

「いや、私はどうも参議院なんていう上品な方じゃない。ガラが悪いから衆議院から出ようと思っているので今度は出ません」

「君もやはり追放ボケしているな。ガラが悪いから参議院から出ろといってるんだ。今の参議院は衆議院よりガラが悪いんだ」

吉田にすれば、正面からケンカを仕掛けてくる岸は次第に薄気味悪い存在になりつつあり、忠臣、佐藤栄作の実兄とはいえ、岸の入党は毒を呑み込むようなものだった。参議院行きをすすめたのもうなずける。

当時の吉田打倒論について、岸は最近もいっている。

「吉田という人に敵意を持ったわけではないが、要するに吉田さんはサンフランシスコ平和条約締結までで使命は終わったという考え方なんだ。吉田さんは占領下においてGHQ（連合軍総司令部）にも反骨を示しながら外交的にもうまく平和条約をまとめた。それはそれで評価するけれども、もう今後に期待するものは何もない。むしろ吉田さんがおっては、これからの日本にとって邪魔になる。直接的にいえばそういうことだね」（『岸信介回顧録』）

吉田が懸念したように、岸の作戦もいったん新党を捨てたからには、敵陣に入って内部から切り崩すことにあった。

「岸が考えたことは、既存のもののなかに入って、そこから念願である政界の再編成、保守党の統一へ血路を開くことであった。三好もこれを岸に極力すすめた」（『岸信介伝』）

しかし、これには異説がある。郷里の後援者、中野仁義によると、

「岸さんはほんとうは自由党に入るつもりはなかった。改進党か何かから選挙にでる気だったが、ドイツにいっている間に、佐藤がこっそり入党手続きをとったんだ。岸さんものちに『あれは弟の仕業だ』といっていた。やはり佐藤は、党内での自分の発言権を大きくするためには兄貴が自由党に入ってくる方がいいと考えたからだろうな」

という。のちに岸もこれを裏づけるような発言をしているが、その後の政治行動をみると真相は中野説よりも、岸の内部攪乱ねらいとみた方がわかりやすい。

こうして、岸は二十八年三月の自由党入党直後に、吉田の「バカヤロー解散」で山口二区から出馬、戦後初の議席を得た。

第3章　総理への野望

キャップは最後の五分間に決めよ

さて、「戦後の岸」の政治行動について区分けしてみると、終戦（昭和二十年八月）から岸内閣退陣（三十五年七月）までの十五年間をほぼ四年きざみで四つの時期に分けることができる。

終戦から巣鴨時代を経て箕山社設立（二十四年十二月）までの空白期、さらに日本再建連盟に失敗のあと衆院当選（二十八年四月）で政界入りを果たすまでの雌伏期、ついで日本民主党の結成、吉田打倒、保守合同と手がけて岸内閣誕生（三十二年二月）にいたる躍動期、そして安保改定をクライマックスに退陣に追い込まれるまでの成熟期――。

なかでも、政界入りから政権の座につくまでの経過は、先に述べたようにいくつかの幸運が重なったとはいえ、異例の超スピードぶりだった。その秘密はどこにあったのか。

古井喜実の証言が一つの見方を代表している。

「岸さんは官僚出身の政治家だが、官僚であれ、政党人であれ、岸さんぐらい政治家である人はいないんじゃないか。良いとか悪いとかいう意味じゃないよ。僕はもっとも悪いと思ってますよ。そうじゃなくて岸さんほどのスケールを持った政治家はいないんじゃないかと思うな。

僕は二十七年追放が解除になって改進党から選挙に出た。自由党が与党だったが、あまりにも保守的で、反動みたいなことで気に食わなかった。それが保守合同でみんな一緒になったんだ。鳩山内閣で岸さんはもう幹事長だろ。そこまで岸さんは盛りかえした。えらいもんだよ。時間をおいてみるとね、戦犯までいっとって、官僚政治家で追放されとったヤツがね、いつかなし盛りあげてね。岸さんは日本再建連盟ちゅうおかしなものを作ってウズウズやっとったんだよ、三好さんらと一緒にな。ああいう何やっとるかわからんようなことをしているうちに、いつかなし座敷のまんなかに座っちゃったんだよ。えらいこったよ。

悪口じゃなくて、えらさ加減をいいたいんだが、商工省時代から官僚のくせになかなか政治的手腕があってね。上役は岸さんを使ってるうちに、みんな除《の》けられるんだ。小林一三が商工大臣のときに、岸にやられた話を情けながって『大臣落第記』という本に書いてるよ。そういう式にいつかなしに上役を制してしまって、気がついてみると座っちゃってるんだ。ずば抜けてるよ。類ないとみるな……」

悪玉ながら統領としての岸の素質を古井は強調した。だが、それだけでなく、政界入りのときから、岸の政治設計がきちんとできあがっていたことがある。標的がはっきり定まっていたのは強味だった。

大日向一郎がいう。

「政界復帰の最初から、岸さんの政治行動のすべては安保改定と憲法改正の二つに向けられていましたね。保守合同に突き進んだのもこの二つを手がけるというねらいによるものだったし、反吉田を標榜したのも、保守勢力の結集にとって、吉田の存在が障害になると判断したからなんだ。吉田を個人的にきらっていたわけではなく、むしろ鳩山一郎、重光葵、松村謙三といった連中よりも吉田を尊敬し、親近感を抱いてましたから。

とにかく岸さんの戦後の軌跡は、この占領政治からぬけでるという明確なグランド・デザインに基づいて、一貫して描かれているんです」

しかし、保守の結集は並大抵ではなかった。岸は二十八年五月号の総合雑誌『改造』に「新保守党論」を発表した。新保守政党の理想と保守勢力再編成の必要を訴えているが、岸が特にいいたかったのは最後の一節だったようだ。

「保守安定勢力をつくるということは、相当の識者はその必要を痛感していると思う。しかし、現実の政治家においてはそれはわかっていない。相当なリーダー格の政治家に会ってよく話してみると、そうしなければならないという。しかし、誰がそれをいいだすか、ということがいわれる。もう一つは、そうした場合、誰を頭に置くかということである。キャップの問題である。

しかし、私はキャップは誰でもいいから、先ず集まり、キャップはあとでいいと思う。今までの政党は政策で動かないで、その本質をわきまえないで人で考える。吉田の一党、鳩山の一党、重光の一党という考え方であるが、そういうことではなく、政策の根本に政党の本質を置いて考えて、最後の五分間にキャップを決めるというように、キャップは一番あとまで伏せておくというようにしなければ、実行できない……」

このキャップ論は、なかなか興味深い。保守合同の最大の障害が、合同後の新総裁の調整にあったということだ。

二十八、九年の動きだが、岸は自由党憲法調査会長のポストを足場に合同論を党内に広める一方、自由党の池田勇人、改進党の三木武夫と何回か会合するが、双方に本気で合同する気がなく、ハラの探り合いだけで決裂する。

岸にあおられた形で、吉田の後継者に目された自由党副総裁、緒方竹虎《おがたたけとら》が世上有名な「爛頭《らんとう》の声明」（二十九年四月十三日＝時局を案ずるに保守党は今爛頭の急務に直面している。速《すみや》かに解党・新党・総裁公選によって保守の統一を図らなければならない）を発表するに及び、合同機運に拍車がかかるが、いざ緒方、重光、岸の三者会談が開かれても話は先に進まなかった。

合同後の新総裁には、吉田、鳩山、緒方、重光がそれぞれに野心を抱いた。緒方、重光亡きいま、会談の内容については岸の記憶に頼るしかないが、緒方は岸と二人だけの密談の席で、

「あの健康状態では思想的にも健全ではないし、肉体的にも（総理は）ムリだ」

と鳩山総裁に反対し、岸が、

「新総裁になる人はあなたか鳩山さんしかいない。しかし、あなたは吉田内閣でずーっとやってきてるんだから、鳩山さんのあとならいいけれど、今すぐにあなたがやるというわけにはいかん」

というと、緒方はにがい顔をしたという。緒方は自身の出番を強く意識していた。

結局保守合同は鳩山による新党、日本民主党の旗揚げ（二十九年十一月二十四日）を間にはさまなければならなかった。

根本龍太郎（元官房長官、建設大臣、自民党衆院議員）の証言。

「民主党は、鳩山さんのグループと岸さん、改進党の重光（総裁）、松村（幹事長）らの合体だった。私は広川《ひろかわ》（弘禅《こうぜん》）農林大臣の罷免問題で吉田さんのやり方に納得できず、二〇人くらいの仲間と自由党を脱党したあとで、鳩山グループの大番頭である三木武吉さんか

ら参加を求められてね。岸さんは新党の幹事長になったけど、表舞台に出てくることはほとんどなく、緻密に作戦を練るといった面で大きな役割を果たしたと思いますね。それとどういうわけか当時の財界は鳩山さんに好感を持っていなかった。岸さんが新党の財界対策を担当してました」

さらに小川半次《おがわはんじ》（元自民党衆院議員）の証言。

「民主党ができたとき、鳩山に三木武吉、河野一郎《こうのいちろう》と実力者がいたが、新鮮味があり、力があって経済界にも顔がきくということで、岸さんが幹事長になった。僕は改進党から民主党の結党に参加したが、岸さんが物事に逡巡することなく、ズバリズバリと片付けていくところに魅かれてね。

当時の国会議員は僕も含めてスローモーなところがありましたよ。なんというか、戦後の政治家はよけいなところに理屈が多いんですな。しなくてもいいところで議論して、物事が運ばないところがあるでしょう。岸さんにはそれがない」

旗揚げの直前、岸は石橋湛山《いしばしたんざん》とともに「吉田に弓を引く者」として自由党を除名され、十数人があとを追っている。その中に福田赳夫もいた。

この民主党結成から吉田内閣総辞職、鳩山内閣成立、左右社会党統一、保守合同による自民党誕生までは、正味一年間のあわただしさだった。

岸は民主党幹事長として三十年二月の総選挙を闘い自由党を圧倒して第一党になったが

（民主党一八五、自由党一一二、左派社会党八九、右派社会党六七）、単独過半数がとれないための不安定政局が続いた。

そんな中で保守結集への協議は「民自四者会談」（民主党の三木武吉総務会長、岸幹事長、自由党の大野伴睦《おおのばんぼく》総務会長、石井光次郎幹事長）を主舞台に春から秋にかけ急ピッチで進められた。

三木武吉との連携プレー

当時、三木は岸に、

「オレはやる。この問題はどうしてもやり遂げねばならんのだ。だがまずくなるといろいろなことが起こる。君はずっと保守勢力の結集が持論ではあるが、具体的な保守合同となるといろいろ手練手管がある。君は傷ついてはいかんから、とにかく君は知らん顔していてくれ。オレがやるから」

と因果を含めたという。両党の内部にそれぞれ疑心暗鬼があり、理論の衝突もあったが、合同への動きは、変幻自在な三木の術策と岸が組み立てた設計図によって実現に向かった。

『池田勇人その生と死』の著書で知られる伊藤昌哉《いとうまさや》（元池田首相の首席秘書官、東急建設監査役）はこの保守合同劇を、

「あのころ三木武吉は政界再編をいい続けたが、この三木構想を完成したのが岸さんだろ

うね。まあ、保守合同は三木が微分して岸さんが積分したようなもんでしょう。岸さんは満州でやったのと同じことをしたんだ。

　岸さんが満州入りしたころ満鉄と軍の力は強大だった。満州政府が産業開発五か年計画なんかやろうとすると、どうしてもこれ（満鉄と軍）をどうにかしなきゃならん。そこで満鉄の力を徐々に弱めるため、たとえば満州重工業をつくり、そこに日産をつれてくるわけだね。満州政府が持株会社になってその下に国策会社をつくり、満鉄の力を弱めていく。あの時（保守合同）も、自由党も民主党もそのままでいい。とにかく持株会社つまり新党をつくって両党ともその中で自由におやりなさい。けれども持株会社たる新党の総裁はみんなで選んできめよう、こういうことでしょう。その考え方の反映が代行委員制度にもあらわれている」

　と分析した。昭和十年代のはじめ、岸が満州経営で辣腕を発揮したときと同じ方法論を、二十年後の保守結集にも使った、という指摘は迫力があった。岸流の無理を避けて包み込んでいく統治技術、とみるべきだろう。

　伊藤の言うように、民自四者会談は、合同の翌三十一年四月第二回党大会で新総裁を公選するまで、代行委員に鳩山、緒方、三木、大野の四人が座り、鳩山が政務、緒方が党務を分担することで落ち着いた。一時的な総理総裁分離方式である。

　そして、自民党の新幹事長は岸、うしろに三木がいた。

話は前後するが、民主党内でも岸が保守合同――二大政党制を主張したのに対し、松村謙三らは保守二党論者で、合同による保守一党論に最後まで反対した。しかし、岸は左右社会党の統一にも側面から働きかけ、保守合同の促進剤にしようとした。

根本龍太郎の証言。

「岸さんは保守合同を実現するために、社会党統一にも若干手を貸していた。岸さんはもともと二大政党による政治を理想とみていたようで、保守だけでなく社会党の統一も必要だと思ったのだろう。社会党が統一すれば保守側も危機感をもつから、という読みもしていたと思うがね。具体的には学生時代からの友人である三輪寿壮さんを通じてあれこれ社会党に働きかけていたね」

山地一寿の証言がそのあとをつないでいる。

「三輪先生は岸さんからいわれても『社会党の方がむずかしい。保守で先に合同を実現してくれ。そうすれば社会党も危機感をもって統一に向かうだろう』と悲観的だった。しかし結局は岸さんに拝み倒されて、先に社会党の統一になったんだ。

この一連の動きをみていると、三輪、岸両先生で左右統一を実現させたといってもいいと思いますね。のちに三輪先生は亡くなったが、このときの岸さんの落胆ぶりはひどかった。『政権を渡す相手がいなくなった』と嘆いていたのを覚えている」

岸は自民党の誕生を見届けると、後援会箕山社の機関紙『風声』に次のように書いた。

「日本再建連盟以来、自らの政治生命を賭して保守勢力の結集と二大政党対立による新政治形態の樹立に努めてきた私としては、感慨無量なるものがある。自民党の結成は新政治方式の発足を意味するとともに、日本再建のための現実の諸政策を実行する一大政治力が結集されることを意味する。

国家再建のための基本線とは、㈠自主憲法の制定と防衛体制の確立、㈡自由主義国家群との連携を強化しつつ、東南アジア諸国に対する経済外交の推進、㈢放漫な自由主義経済政策を是正して計画的な自主経済を確立する、㈣教育制度の根本的改革による道義の高揚、であり、これが進歩的な国民政党の基本線である」

再建連盟の五大政策にくらべると、岸の政治路線はより明確に打ち出されていた。なかでも東南アジア外交の推進がうたわれたことは、このあとの岸政治の展開にとって注視すべきことだった。

緒方竹虎の急死

保守合同のあと、三木武吉は、

「この体制は十年は続く。鳩山、緒方、岸、池田までは予言できる」

と語ったが、番狂わせが生じた。緒方が死に、かわって石橋が割り込む結果になったからだ。保守合同の裏で動いた一人である篠田弘作《しのだこうさく》（元国家公安委員長、自民党衆院議員）の

記憶では、

「あれ（保守合同）には一つの密約があった。鳩山民主党から緒方自由党に申し入れがあったもので、自由党も了承したんだ。口約束だが、要するに『翌年（三十一年）四月には、鳩山は総理をやめて緒方にゆずる』というものだった。それがあったから、合同後の第三次鳩山内閣は発足できた。

このころから岸さんは、緒方さんと争っても総理になろうとして運動していたように思うね。三木（武吉）さんはそんな岸さんをみて『君はまだ早い。次は緒方君だ。君はその次だぞ』とたしなめたことがある」

という。しかし、その緒方は四月を待たずに一月二十八日急死。緒方派の長谷川峻の回想にはいまも熱がこもっていた。

「二十八日の夜中に連絡受けてね。『死んだ』というから三木武吉さんかと最初思った。ところが緒方さんだった。緒方さんの遺体は幡ヶ谷火葬場で火葬されたんだけど、それをみんなで見送った。棺が中に入れられて扉が閉められ、燃え出してからもしばらくそれをみんなで見ていたんだ。

その中に岸さんもいた。扉ののぞき窓から赤い炎が見えたような気もするがはっきりしない。岸さんはそれをじっと見ていた。ただじっとね。岸さんがじっと見ているぞ、と周囲の人も気づいていたようだったな」

ライバルの死が岸をぐんと政権に近づけることになる。戦犯をまぬがれたのにつぐ、二度目の強運だった。最近も岸は、

「あの当時緒方さんが健在であったらどうだったかと考えるんだね。すぐに総理になられたか、あるいは一年後か知らんけれども、普通なら少なくとも三、四年はやられる。そうすると、石橋内閣というものができたかどうか疑問になるし、僕の内閣なんかもずーっと遅れることになっただろう」

といい、一人の実力者の死がもたらす影響の大きさを認めた。また、緒方の死から半年後、こんどは岸のうしろだてになってきた三木武吉も死んだ。

『伝記・三木武吉』によると死の前日の七月三日朝、岸は東京・千駄ヶ谷の三木邸を訪ねているが、三木は、床の中から、

「君に対していろいろ批判もあるだろうが、保守合同直後だから容易なことじゃないよ。君の苦労も察している。だがね、岸君、無理押しをするんじゃないよ。無理押しというのは、一生に一度しか通らないもんだ」

と岸をさとしたという。一生に一度の無理押し、という三木の最後の言葉を、岸はどう聞き取ったか。

石橋湛山に敗れる

この年十二月十四日、世に有名な「七票差の総裁公選」がやられた。日ソ交渉の大詰めで、鳩山が政界引退を非公式に表明したのは四か月前の八月十一日、軽井沢会談の席である。

出席者は河野一郎（農林大臣）、石橋湛山（通産大臣）石井光次郎（総務会長）、大野伴睦、三木武夫それに岸と、政府与党の実力者を網羅していた。引退表明と引きかえに日ソ交渉の鳩山の宿願を実らせたいという河野、三木らの意図によるものだった。

公選には軽井沢メンバーのうち、岸、石橋、石井の三人が名乗りを上げ、第一回投票では、

岸　　二二三票
石橋　一五一票
石井　一三七票

だったのが、決選投票で、

石橋　二五八票
岸　　二五一票

と逆転した。石橋、石井の二、三位連合が効を奏したのである。

岸は賛否騒然の中で石橋内閣の外務大臣として入閣、さらに二か月後の石橋の病気退陣、

岸内閣の成立（三十二年二月二十四日）と政局は意外な展開をみせた。この数か月は岸の政治生活の中で、安保改定の激動につぐドラマチックな時期である。石橋はすでに故人だが、岸、石井ら関係者の最近の証言をつないで当時を再現してみよう。

まず岸――。

「僕が公選に立つことを決めたのは、日ソの共同宣言がまとまった（十月十九日）あとだな。その時に石井君と話したことがあるような気がするんだがね。僕と石井君が勝負するというような気持だったと思うんだ。そうだとあまり激しい争いにならない。石橋君はその時はあまり頭になかったと思うんだがね。石井君となら、保守合同以来ずっと交渉しているし、僕がもとの民主党を代表し、石井君が自由党系を代表して公選に立つということなら、極めて常識的なことであるんだし。そこへ石橋君が出たものだから……。しかも非常な選挙の名手、石田博英《いしだひろひで》君がついてたんだな」

石田博英（石橋内閣の官房長官、自民党衆院議員）――。

「僕らの側からいえば、石橋さんを総理にと決意したのはあの年の春ごろなんだ。そのころ工業倶楽部のパーティで池田（勇人）さんが僕の手をギューッと握ってね、ひとこともいわずにだよ。僕もピンとくるものがあった。池田さんは石橋さんを好きでもあるし、ある程度の恩義も感じていた。主計畑の大蔵次官が多い中で、主税畑の池田さんを次官にしたのは石橋さんなんだ。だから途中から石橋さんが公選に加わったとは思っていないんだ。

八月の軽井沢会議には石橋さんも相当な決意をもって臨まれたし、石井さんもそうだったから、鳩山さんとしても（後継者の）名前は出せなかったんじゃないかな」

岸——。

「鳩山さんは僕へということであったかどうかは別にして、なるべくなら話し合いでカタをつけ、公選で争うことのないよう望んでおられたことは言外にもうかがえたんだ。しかし、何もいわなかった。僕が多少鳩山さんに対して不満だったのは、幹事長でこれだけ苦労して、日ソ交渉も苦労したんだから『あとは岸君やれ』とか『岸が立候補すればひとつやってやれ』というふうに、党内に働きかけてくださるものだというような予想をしておったものだから……。ところが鳩山さんは本当の中立で、何も自分は関係しないといってね。私の方では河野一郎君が骨を折っていろいろあっせんしてくれたんだけれども、結局選挙……。そして大会の前日に、二、三位が連合するという話が伝わったんですよ。ところが、それに反対する空気も非常にあった」

石井——。

「あれは公選の前月の十一月ごろだった。ブリヂストンの石橋正二郎《いしばししょうじろう》君が『鳩林荘』という別荘を府中の方につくってね。そこの別荘開きに呼ばれて、石橋湛山、松野鶴平《まつのつるへい》（元参院議長）なんかもきてた。そのとき、何のことはなく、広い庭を石橋（湛山）とブラブラ歩いてたんだ。『おまえも出るんだろ』『うん出るんだ』なんて会話を交わしながらね。

茶店みたいなところに座ったら、二人だけになっていてね。『おまえが出てもオレが出ても同じ自由党系でやってきたし、それは同床異夢であっても、君とは同じ政党でやってきた』なんてことを話し合った。僕はさらに『今の情勢ではどうも岸君が優勢のようだ。しかし絶対多数にはならんのじゃないか』といった。そのあとどちらがいいだしたか忘れたが『お互い自由党系で組んで総裁をとろうじゃないか。二、三位となったら、三位の者が決選で二位に投票するということにしたらどうか』、『うんそうしようか。そしたら連立内閣のつもりで、勝った方が総理になり、そうでないものは副総理で入ろう』という話をした。

そのときはまあ笑い話のようなことであるんだが、とにかくその日はそんなことで終わって、投票の前日になった。男がいったことだから僕は皆を集めて『石橋君とこういう話をしたが、君等も賛成してくれるなら、そのようにやってほしい』と話したんだ」

石田――。

「たしかに石橋さんから、別荘の一件は聞いたよ。しかし、それはトップ同士が話をしたというだけで、あとは全部僕らがやったんだよ。あの人は和尚さんだから、そんなことできるもんかい。選挙直前に我々が料亭『福田家』へこもった時には、この二、三位連合を気づかれちゃまずいというので、新聞記者をまくため、夜中まで朝刊最終版の締め切りまで、みんなで碁を打って時間をつぶしたんだ」

当時の岸の秘書、中村長芳《なかむらながよし》（クラウンライター・ライオンズ球団会長）――。

「岸さんは大会の朝、会場に着くまで絶対に勝てるものと思っていた。南平台《なんぺいだい》の自宅から会場のサンケイ・ホールまで同じ車で行ったが、車中で岸さんは『オイ中村君、帰りには三木武吉さんと三好英之さん（この年の九月九日に死去）の墓参りに行こうじゃないか』といってました。

このときの岸派の参謀は、佐藤栄作、川島正次郎、河野一郎らで、特に誰がリーダーシップをとるといったわけでもなく、合議制で作戦を練っていた。私が特に印象に残っていることは、岸さん自身はまったく何もしなかったということですね。のちに佐藤さんが総裁選にでたが、岸さんとは対照的に全部自分一人でやっていましたから。ともかく両陣営とも実弾をばらまくということをやった。まあ、岸陣営は石橋側にくらべると、全体的にお人好しでした」

やはり秘書の山地一寿――。

「両陣営とも必死で多数派工作をやったね。岸陣営では派閥のボスにカネを渡して派内を岸支持でまとめてもらったり、一本釣りもやったりした。作戦の中心は、決選投票になったとき、三位を推した連中が一位に投じるように確約をとりつけることにあった。つまり石井派の下の方に決選投票では岸に、と工作するということで、これは成功した。

敗因は地方代議員の争奪で負けたことなんだ。岸陣営の地方代議員対策の責任者は武知勇記さんだった。ツバをつけてあった代議員を武知さんは投票日の前夜、新橋の第一ホテルに泊めた。大体三〇人ぐらいで、この連中が岸に投票してくれれば間違いなく勝っていた。同じ第一ホテルには石橋派の参謀、石田博英さんが陣どっていたので、私は万一のことを思い武知さんに『あなたのやり方に文句をつけるつもりはないし、あなたを信用していないのではないが、第一ホテルに泊めるのは危険が大きいのではないか』と注意したが、武知さんは『絶対に大丈夫だ』といってきかなかった。

ところが石田さんは夜中にその三〇人を一人ずつひと晩かかって外へ連れ出し口説き落とした。翌朝、会場のサンケイ・ホールの別館にあった岸陣営の部屋に集結してみると、数が足りなくなっている。点検したら三〇人の岸支持の地方代議員のうち二九人が蒸発して一人だけしかきていなかった。武知さんが蒼白な顔をして呆然と突っ立っている。私はこれで負けたと思った。大分のちになって石田さんと会ったとき、彼は得意気に『もともと野戦には自信があるんだ』といっていたが、あの人の才は大したもんだよ」

岸派の小川半次――。

「あのときの公選で岸さんにカネを出した人はたくさんいた。藤山さんもそうだし。永田《ながた》雅一《まさいち》や萩原吉太郎《はぎわらきちたろう》とか、あの人たちは大したことないよ。一千万円だしても一億だしたなんて外でホラばかり吹いているんだから。たくさん出したのは、大阪商工会議所会頭をしていた杉道助《すぎみちすけ》さんだよ。山口県出身で祖父が吉田松陰《よしだしょういん》の兄貴だ。関西財界の重鎮で、岸さんはその人を兄のように立てていたね」

岸――。

「あの公選である程度のカネが動いたことは事実ですよ。しかし、私の記憶では、のちにいわれているようなもの（一説では岸派がばらまいたのは三億円）とは単位が違ったと思うんだよ。カネよりも、どちらかというとポストの約束があったな。まあ、総裁選挙はあのときがはじめてだから、いいことも悪いこともここから始まったわけだけれども……」

当時、日経記者の大日向一郎――。

「大会前の岸さんは自信満々だった。赤坂の料亭『高井』では祝宴がセットされていたほどだからな。しかし、負けが決まったときは意外なくらいサバサバしていた。私は大会場から南平台の私邸までずっと同行したが、敗北を苦にしているふうはまったくなかった。その夜私邸で二人っきりでジョニ赤を飲みながら話し込んだが、岸さんはきっぱりと『決して悲観はしていない。国家の運命を双肩に担うことができる人間はオレしかいない』と断言していたね。さっぱりしていたのは、彼特有の気分転換の早さということがあるだろう。それと当時の政界を見渡して、大したヤツは一人もいない、必ずオレが総裁になるとハダで感じていたからだ。

石橋との決選に敗れたあと、岸さんは昨日の敵の石橋のもとに入閣し外務大臣をつとめることになるが、これは佐藤栄作らの説得で実現したものだ。岸さんは最終的には、鳩山内閣時代に必ずしもうまくいっていなかった対米関係を改善しておこう、という心づもりがあって受諾したということだった」

岸――。

「弟の奔走というわけじゃない。あの入閣問題はね、石橋君から組閣の何日目かに呼ばれて『外務大臣になってくれ』といわれたんだよ。その時に、はじめの組閣案では石井君が副総理になっていた。それで僕は石橋君に『あなた、組閣で今度の総裁選挙の論功行賞の内閣を作るつもりか。そうすりゃ、僕は入る理由はない。本当に党の結束ということで組閣するというなら、約半数が私に投票しているんだから、私を入閣させる趣旨はよくわかる。私は何も副総理にしろというわけじゃないけれども、石井君を副総理にするというんじゃ、僕は入ろうにも入れないじゃないか』という話をしたんだよ。

岸派の連中や僕を支持した河野君なんか『絶対に入閣しちゃいかん』という。とにかく党内で半分を持っておるんだから、その勢力を固めてにらみつけておればいいんだというんだな。しかし、僕は彼らに『入閣したいからいうのではないが、やっぱり党は総裁選挙の後腐れにいつまでもとらわれておっちゃいかん。党の結束を損なうようなことがあってはいけないから、趣旨さえ通れば入閣する。そうじゃなく、あのときの約束があるからこうするなどということなら反対する』と主張したんだ。結局石井君は副総理にならなかった」

権力の頂点に

石井――。

「僕の副総理の問題では、石橋君は約束通りにするつもりでいたのだ。実は岸君が組閣本部を訪れる数時間前に、石橋君から『副総理として希望のポストは』と聞いてきたので『外務』と答えておいた。ところが、組閣の途中で連絡があって『岸君が外務大臣のポストを望んでいる』という。石橋君によると、岸君が本部にきていうには『僕は君に敗けたんだから君に協力する。協力する形を表わすには君の内閣に入るしか仕様がない。それにはとにかく最初の投票が一番だったということもあるし、一応格好のつくポストをもらいたい。それには外務大臣を希望する』ということだったという。

そこで石橋君が『実は石井君と約束があるので副総理で入ってもらおうかと思っている』といったところ岸君はこういったそうだ。『そりゃ別に石井君が副総理になることに反対ではございません。しかしいますぐ副総理でその下に僕が入るということになると、いままで僕を推してくれた連中がガヤガヤするおそれがある。そうなるとかえって僕が入閣することがうまくいかん。はじめての公選だからきれいにやりたい。だから石井君は副総理でない他の閣僚で入っておってもらって、なにか途中で君（石橋）が旅行するとかいう時でも、内閣が一応おさまったときに改めて副総理に任命することが自然だと思うから、そういうことにしてくれんか』

石橋からその話を聞かされて、僕は『そりゃ岸君としても当然そういう考えが党のためにも自分の立場にもいい、僕の立場も考えてくれてる。こういうときに自分の思う通りにいくもんじゃないんだから、それでいいですよ。僕は経済閣僚でいい。大蔵は池田がしきりにいっていたから、通産になろう。前に商工大臣をやったこともあるし……』といった。石橋君も『そうしよう』といっていた。ところが大野伴睦から通産のポストをくれといってきてるというんだよ。僕は譲るつもりはなかったが、まあいろいろ情にほだされたりしてね。そのあと大変な流感にかかって高熱を出して家の二階で寝ていた。そこへ見舞いかたがた石橋君がやってきて枕元で『すまんな、外務も通産も譲ってもらってなんだが、文部大臣をやってくれんか』っていうんだ。しかし熱が出てウンウンしてるときに、新聞記者やら、テレビライトもつけられてカッカしてきてね。『今日は君、帰ってくれ。文部大臣ならオレの方にもっと適任がおる。灘尾《なだお》（弘吉《ひろきち》）がおる。オレは熱で認証式にも出られん、君の門出にそんなにまでオレに大臣をもってこんでもいいから』といった。彼は『申しわけない』といいながら、結局その通りになったわけだ。

よくそのことで新聞記者から『あの時、あなたが副総理で入閣しておったら、一か月たらずで石橋さんが倒れたんだから総理になってたかもしれませんね』なんていわれたよ。まあ、しかしそういうものは回り合わせだから岸君にいくようになっとったんだろう」

岸派の小島徹三《こじまてつぞう》（元法相、弁護士）——。

「岸さんが逆転負けした直後に、かつての親分の芦田均《あしだひとし》さんから『岸君を石橋内閣の外務大臣にしたい。岸君しかいない。絶対に彼に引き受けてもらいたいのだ。ついては君、岸君のところへいって、石橋のこういう意向を伝え、引き受けてもらってくれんか』と頼まれ、岸さんのところに足を運ぶことになった。このとき岸さんは引き受けるともなんともいわなかったが、岸さんの隣で佐藤栄作がすごい顔つきで私をにらんでいたことを、いまでも鮮明に覚えている。しかし、のちに佐藤が私にしみじみと『あのとき外務大臣になっていなかったら、兄貴は総理になれなかったかもしれない』ともいってたね」

岸——。

「人間の運命というものはわからんもんだよね。別に石橋さんが病気になるということを考えておったわけでもなければ……。しかし僕自身が若かったから、次の総裁選挙ということは考えていた。選挙後の党のまとめ方も考えて、この際はちゃんと投票の結果に頭を下げて協力することがいいと思ってね」

病気に倒れた石橋から、総理大臣臨時代理の岸と自民党幹事長、三木武夫あてに引退の書簡が発表されたのは三十二年二月二十三日である。簡潔な名文だった。翌二十四日、岸は後継首班に指名された。

二つの幸運（緒方の急死、石橋の病気退陣）が重なって、岸が権力の頂点にのぼりつめる時期は早まった。あるいは、この幸運がなければ、岸の強烈な自信にかかわりなく、岸内閣は生まれなかったかもしれない。

そのときは六〇年安保騒動も起こらなかった。起こったとしても、違った様相を示していただろう。岸の証言のなかにある「運命」という言葉。この時期までの岸は、その運命に過剰なほどに味方されたラッキー・ボーイだった。

佐藤栄作がかつて小川半次にこうもらしたという。

「運命はわからんね。兄貴はわしよりもずば抜けて頭がいい。それが総理を三年あまりしかやらなかった。頭の悪いオレが七年もやったのも運命というもんだろう」

第4章　短命政権

徹底した政治主義

首相官邸入りした直後の岸に、秘書官の安倍晋太郎（女婿、官房長官）が、

「治安立法なんかやるよりも専門の経済で勝負した方がいいのじゃないですか」

と進言したことがある。記者あがりの安倍にはまだ岸のハラがまったく読めていなかった。岸はその進言に、こう答えた。

「総理大臣というのはそういうものではない。経済は官僚がやってもできる。なにか問題が生じたら正してやればいいのだ。総理であるからには外交や治安にこそ力を入れなければならんのだ」

岸の徹底した政治主義である。それは良きにつけ悪しきにつけ、吉田の占領政治から離

脱して、新たな国家経営のレールを敷きたいという岸の執念から出たものであり、警職法（警察官職務執行法）、小選挙区制、憲法改正そして安保改定へと、岸内閣が打ち上げる政治イシューのすべてに貫かれていた。

しかし、この露骨な右寄り政治主義は、結果的に岸内閣の寿命を縮め、三年半たらずの短命政権に終わらせた。以来、池田から福田にいたる歴代自民党政権は、岸の体験を教訓にして政治主義を前面に持ち出すことに臆病だった。

岸が構想した日本再建の基礎にあるのは外交である。岸外交の核心は端的にいえば戦前型の南進論だった。それしか日本の活路はない、という旧軍にあった伝統的な発想に近かったと思われる。

岸によって政権への好機を逸した石井光次郎は、最近の岸について、

「とにかく岸君のその後（政権を離れたあと）の政治生活をみておると、国連の人口問題の委員かなんかになっておって世界的規模で考えているということ、時にはＡＰＵ（アジア国会議員連合）の関係で東南アジアの方に出かけたり、とにかくアジアと手を携えていこうという彼の方向は間違っていないと思いますね。経済的な先進国に日本はなったんだから、遅れた国に手助けをすべきだと思うが、そういうことに岸君は非常に熱意のある人だ」

と語った。お人好しの石井らしい感想だが、岸の眼目がいまにいたるもアジア、それも

「東南アジア」に置かれていることに注目しなければならない。保守合同前後から、その路線は岸の口から明確に打ち出されていた。

岸内閣の総務長官をつとめた福田篤泰《ふくだとくやす》（自民党衆院議員）は、

「岸さんの政治路線は正しいですよ。反共、愛国的だし、アジア主義者だし、自由国家としての路線を守った。現在だって隠然とした影響力があるでしょう」

と単純に肯定した。しかし、そのアジア主義とは何かが、岸政治の本質に触れてくるのである。

内閣が成立して三か月後の五月二十日、岸は初仕事として東南アジア歴訪に出発した。六月四日までビルマ、インド、パキスタン、セイロン、タイ、台湾の六か国を回り、さらに訪米をはさんで十一月十八日から十二月八日まで南ベトナム、カンボジア、ラオス、マレーシア、シンガポール、インドネシア、オーストラリア、ニュージーランド、フィリピンの九か国、合計十五か国を歴訪したことになる。しかも、日本の総理大臣として戦後初のアジアめぐりだった。

第一次歴訪ではビルマのウ・ヌー、インドのネール、パキスタンのスワラジ、セイロンのバンダラナイケ、タイのビブン、そして台湾の蔣介石――。

「これらの地域はどうしたって先進国の協力がなければ、技術も経済もなり立たない。しかし、同時に長い間の植民地政策の結果、独立後は植民地的なやり方に非常に強く反発するということがあった。従って一か国で経済援助をしても、その国の植民地になるのではないか、という疑いを持つが故に、基金を作って、ニュートラル（中立的）なものにして、それから援助をするというのが、アジア開発基金の構想だった。この構想どおりには実現しなかったけれども、あとになってできたアジア開発銀行なんかに、この考えは生かされたんだ」（「岸信介回想録」）

アジア主義者としての岸の発想はこのアジア歴訪についての説明の中に集約的にでている。それは簡単にいえば日本が先進国として東南アジアの低開発国をリードしていくべきだという盟主意識だった。しかも岸が、アジアを援助するためにと作りあげたアジア開発基金は、のちに「岸基金」と俗称され、ベトナムやインドネシアにおける賠償汚職の温床になったと追及を受けるきっかけになった。

新たな「大東亜共栄圏」

岸の発想と旧植民地主義との違いは、民族意識の高揚を十分に念頭におき、オブラートに包みながら上手に援助政策を進めることにあった。ニュートラルを装った新植民地主義といえないことはない。アジア開発基金構想がその具体化であり、岸による新たな大東亜共栄圏づくりのはじまりでもあった。ただ戦前と異なるのは中国大陸を除外した南進論だったことである。

こうした岸のアジア観は、先に述べた竹内好と岸とのかかわり、さらに久野収の「岸は大アジア主義者」という分析とつながってくる。

久野はこんな話をした。

「岸はやはり膨張論ですよ。アジアに出ていかなきゃ仕方がないと、これだけのものを食わすわけにはいかんと思ってるんじゃないの。ご存じか知らんが、岸が総理大臣になる前に派閥の記者との私的な懇談の席で、ボクと誰か二人の名前をあげて『あんな極楽トンボみたいなことをいうとる。たしかにそれは首尾は一貫するけど、これだけの国民を食わしていくことはできないんだ。インテリの空論にすぎない。結局オレは中型帝国主義をやるしか仕方がない』といってオフレコにしたそうだよ。

要するに岸はね、『アメリカとケンカしちゃいかんしロシアともいかん、中国ともまあできるだけケンカせんようにして、東南アジア、インドネシアとかタイとかマレーシアとかを勢力圏の中に入れて、中型帝国主義になる以外にこの一億人を食わす方法はない。小型ではだめなんで、それをどうして食わすかということを考えずに議論をすれば、極楽トンボになる』というような話をしたらしい。新聞記者から『どう思うか』って聞かれたことがある。福田は岸の申し子だから同じ考えだと僕は思いますな」

久野が間接的に聞いたように、岸が中型帝国主義という表現を使ったとすれば、それは多分岸の本音なのだろう。だが、岸は各国を歴訪してけっこう歓迎された。とりわけインドと台湾が岸の印象に残っている。

ネールは、岸歓迎のため、ニューデリーとオールドデリーの境あたりの広場に群衆を集めて、ヒンドゥー語で親しみ深い感じで次のようなことを話しかけたという。岸はその要旨を覚えていた。

「おまえたち、ここに来ている人は誰か知っているか。これは日本の総理だよ。日本という国は東洋のずっとはしっこにある小さな島なんだ。インドとは違って日本は小さいんだ。しかし、これが私の一生を決定した国なんだ。

私の若い時に日露戦争というのがあった。そのころわれわれの間では、東洋人は結局西洋人にかなわんというのが普遍的な考え方だった。いわんやロシアという大国と日本のような小さい島国とが戦って、負けるのがあたり前だ。ところが、これが勝っちゃったんだ。そこで東洋人たる私もインドを独立させようと、それまでイギリスにはかなわんと思っていたが、やり方いかんでは独立できるということで、私はインドの独立に一生を捧げたんだ。

そのうえに日本という国は、原子爆弾一つで何十万人という人間が死んだんだぞ。それを二発も落とされた。それで見る影もない日本が、十年もたたないうちにこうして総理が各国を訪ねてきて、いろんなことで助けてやろう、われわれに力を貸してやろうという国になっている」

日露戦争と原爆が日本の立場を強くしていた。ネールはまた岸に対して、

「思想に中立というものはない。自由主義か独裁主義か、どちらをとるかだ。中立主義は自由陣営にも共産陣営にもつかんという政策の問題であって、思想の問題じゃない。インドのような立場の国はどちらの陣営にも属するわけにはいかないが、私の思想ははっきり自由主義だ。共産主義には反対なんだ」

と強調した。アジアの大国、インドが生んだ偉大な指導者が日本を高く買い、しかも反共主義者だったことは、大アジア主義への岸の信念をいっそう確固たるものにしたに違いなかった。

そして最後に訪問した台湾。当時の新聞報道によると、岸と蔣介石総統との会談では大陸反攻をめぐる議論がかわされている。

岸は、

「大陸の自由回復には日本は同感だ。しかし、日本の対中国政策を理解するには、日本人の対中国感情を知らねばならない。日本人は概してしてソ連に対しては敵対心というか、冷たい感情というか、ある場合には憤激に似た気持さえ持ってきている。これに反して中国人に対しては、親愛の情を抱いている。共産主義であるかどうかはかかわりないものだ。ある意味では、共産主義が日本に浸透するのは、ソ連からよりも中国からの方が恐ろしいともいえる。従ってこの意味では大陸を回復するとすれば、私としては非常にけっこうで

ある」

といい、蔣は、

「東南アジアの重視ということがしきりにいわれているが、かつての日本の政策の根本は大陸政策にあった。これは不幸にして日本の軍閥に利用され道を誤ったが、しかし今後日本が真に進むべき道は、新しい意味での大陸政策にあるのではないか」

と応じた。このやりとりは意味深長だ。岸の発言には中国大陸に対する回避姿勢がにじんでいるのに対して、蔣はもう一度日本は台湾とともに大陸に目を向けろと暗に要求しているのである。

蔣は「軍閥に利用されて道を誤った」といったが、岸はその軍閥と一体になって大陸侵略を推進した戦争指導者だった。岸にとって、この失敗の体験は重たいはずである。大陸には手を出すな、出すと危ない、という思想が岸の外交路線の底に流れていたのではないか。そう思わせるフシが随所にある。

とにかく、復興しつつある日本経済の市場確保のために、東南アジアの重要性はきわめて大きい、と岸は考えた。さらに日本のあと押しによって、東南アジア新興国の経済基盤が固まってくれば、日本の国際的な発言力が増し、「アジアの指導国」としての政治的、経済的な地歩を築くことができる、と踏んだ。それが米国と緊密に結びながら中ソ両大国とは事を構えずに日本が生きていくための唯一の選択肢だと岸はみたのだろう。

岸が描くグランド・デザインの心棒がここにある。

「二つの中国でいい」

インタビューの中で、岸は「アジアと日本」を次のように語った。

——政権を担当した直後、訪米を前にアジアを回ったのは。

「それはもう日本がアジアの日本であり、アジアというものとね、日本がだ、ほんとうに結合してですよ、そうしてその代表としてアメリカと手を握るということでだよ、この日本の存立も立派になるし、アジア全体もそうなる。従って訪米の前にね、主な東南アジアを回ってきたいというのがあのときの気持ですよ」

——岸さんのやっていることは新大東亜共栄圏ではないかという見方がある。

「(熱っぽく)あれはねえ、大東亜共栄圏なんていうのは、ずいぶんいろんな批判もあったけど、根本の考え方は間違ってませんよ。私はいまでもそう思ってるけどね。なんかその日本が非常に野心をもったように思われるけど、そうじゃなしにだなあ、やっぱりアジアは一つだというねえ、岡倉天心《おかくらてんしん》あたりの考え方、あるいは孫文《そんぶん》先生の大アジア主義の考え方とかね、そういうものが共通しているんでね」

——それが岸外交の理念か。

「うん、大東亜共栄圏ちゅうか、そのマレーシアにしてもビルマ、インドでも、やっぱり

（日本が）あの戦争には負けたけれどもだ、それがアジアの民族の独立というか、植民地政策からの脱却に役立っているんだからね。回ってみるとそれに対する東南アジア諸国の感謝の気持はあったですよ」

――ネールの演説が印象に残っているか。

「あれ、非常に残ってる」

戦前と戦後の岸はまったく変っていない。大東亜共栄圏思想の正当性と第二次大戦の積極面を岸は臆することなく語った。そして、岸にとって、アジアの唯一の例外が中国である。中国問題について、インタビューに答え、岸は滔々《とうとう》とぶったが、そのサワリはこうだった。

――岸さんの立場は「二つの中国」論か。

「この間、アメリカのある人と話したら、『アメリカはもちろん新しい友人を作るが、新しい友人をつくることによって古くからのいい友人を捨てるようなことはしない』といった。その心境だな。だから北京の方とも仲よくしなきゃならんし、台湾との今までのような親密な関係というものも考えなきゃならん。

将来、台湾と中共とが一つになればもちろんいいんだけれども、現実は彼らが非常にいやがる言葉だけど、『二つの中国』ですな。『二つの中国』を永久化しようとか、そんなこと考えてないが、現在二つなんだから両方に対して仲良くしていくという方針でやるべきだ。日本はちょっとおかしいですよ。『一つの中国』論をとってるから、こっち認めるからこっちやめたと。そして台湾とは大使館も外交関係もないわけだ」

――岸訪中のうわさがあるが。

「いや、私も満州にいたんだし、その後中国に行ったことがあるし、今日のような状態で中国へ行くということは、果たして適当かどうかというような問題もあるだろうし、また向こうもあまり歓迎もしないのにこっちから押しかけていくのも……。適当な機会があれば……。さっきもいったように私は一方を助けて一方をつぶすという考え方ではないんだから」

――そうすると訪中のスケジュールでも。

「ない、ない。そんなことはない。残念ながらない」

――廖承志氏が『ほんとに来てくれるのか』といったそうだが。

「まだその時期じゃない、といったという話もあるよ」

――当面の日中平和友好条約の締結については。

「つまり田中元総理があゝいうふうに台湾を切り捨てたことに誤りがあると思うんですよ。問題はその条約の内容、たとえば覇権条項とか共同声明にはないけど尖閣諸島なんかの領土問題についてもタナ上げは適当でない。やはり福田総理のいうように、両方の国が満足する状態において結ぶ。そこまで中国が降りてくれるかが問題で、私はむずかしいんじゃないかと想像しますがね」

――政府側への働きかけは。

「いや、働きかけということもないけど、私の意見はいうてある。総理にも党の方にも」

――そうすると、条約締結を急ぐべきでない、ということか。

「私はそう思うな。しかし、絶対反対、条約にしちゃあいかん、ということはいえないと思うんですよ」

岸の対中姿勢は敵視というより、あたらず触わらずの消極的な対応である。敵にしたくはないが、手を結ぶまでもない。いわんや、米中接近以前の日中和解など念頭になかった。岸内閣の外務大臣、藤山愛一郎が安保改定と日中正常化を同時進行させようとした時期があったが、岸は乗らなかった。しかし、いま岸には訪中意欲がある。

第5章　安保改定の賭け

二度目のクライマックス

長男の岸信和はかつての秘書官暮らしの苦労話をしながら、安保にかけた執念を岸の短いつぶやきで代弁した。

「おやじさんは理想主義者で、夢を追うタイプの人間です。それにいつもやることが早い。十年も二十年も先をみてやっている。安保改定がきちんと評価されるには、『五十年はかかる』と自分でいってたぐらいだから……」

岸は確かにそういったのだろう。十八年たったいま、日米安保条約は新たな角度から見直されている。それは、皮肉にも岸が敬遠した中国による安保是認がきっかけになった。しかし、米中接近という国際政治の劇的な展開を当時の岸が見通していたはずはなく、

「改定」自体の評価にはまた別の吟味が必要だろう。

国際政治の構造は今後も可変的であり、安保改定の歴史的評価がどう推移するかは知るよしもない。また岸がなにを根拠に「五十年」といったかはわからないが、岸のグランド・デザインは、安保改定をぬきにしては完結しなかった。アジアの盟主としての日本を考える場合、自由主義圏を支配する米国との軍事的、経済的緊密化によって、日本の立場を強化することは必須の条件だった。岸の側からいえば、それは日米対等時代への道程であり、吉田の占領体制からぬけでるという理屈にもなった。

福家俊一は、

「岸さんの人生の中でクライマックスは二度あったと思うね。一つは戦前の商工大臣のとき、新官僚群を組織し、日本の統制経済を完備させて、戦時体制をつくりあげたことだ。あのときの岸さんは戦争に勝つために命を懸けたと思う。

これはやはり吉田松陰、高杉晋作《たかすぎしんさく》らと同じように三十代、四十代の情熱だね。鮎川義介らと大満州をつくりあげ、小林一三と大ゲンカして（商工大臣の）頭をすげかえたりしたが、このようにして戦時体制をつくりあげていったのは、松陰や高杉ら長州のバーバリズムと共通したものが、若かりし岸信介にあったからだ。もう一つは安保だ」

といった。大満州が挫折し、二度目の大勝負がまたも悲劇的な政権投げ出しに直結するとは知らずに、岸は安保改定に着手する。もっとも、今度のインタビューで退陣の心境を

聞くと、岸は、

「ちっとも残念ではなく、ある意味では非常に満足して辞めた」

と語ってはいたが――。

岸がはっきりと安保改定をターゲット（標的）として意識したのは昭和三十（一九五五）年八月、鳩山内閣の外務大臣、重光葵の訪米につきあったときだった。岸は民主党の幹事長として重光より二日遅れて日本を発ち米国へ向かった。

重光訪米の目的は、鳩山内閣が進めていた日ソ交渉の経過を米側に説明し、理解をえておくためのものといわれたが、実際はそれほど単純ではなかった。

八月二十八日の日米交渉第一日目はワシントンの国務省で行なわれたが、重光は会談が始まって間もなく、突然国務長官のダレスを前に三〇分のスピーチを始めた。

「日米間に存する安保条約は非常に不対等で不平等だ。日本にとって都合が悪いことがたくさんある。これを対等のものに直す必要がある。ぜひ直していかなければいかん」

このときのやりとりについては、同席した河野も著書『今だから話そう』の中で書き残しているが、それによると、重光演説のあと立ち上がったダレスは、本当にかんで吐き出すように「日本にそんな力があるのかッ」とハナもひっかけない調子で重光スピーチを頭からやっつけ、岸や河野をハラハラさせた。

河野はさらにダレスのいわんとした趣旨が、

「日本は憲法により海外派兵ができないのだから、共同防衛の責任は負えないではないか。それなのに安保の改定とはどういうことなんだ」

ということにあったと書き記している。

岸はのちに、この重光発言を「前もって知っていたか」と聞かれ、「いや、まったく聞いていない。びっくりしたんだ」と答えているが、少なくともこの時以降、岸の中には安保改定が日米間の最重要課題として鮮烈な印象を落としたことは確かだった。当時の岸の秘書、中村長芳も、

「重光・ダレス会談に同行した岸さんは、あの時から安保改定を決意したと思われる」

と語った。

口火を切ったのは社会党

しかし、安保改定が新しい政治課題として現実の政治の場に浮上してくるまでには、さらに約二年の月日が経過した。その間に、戦後政治は左右社会党統一、保守合同という新たな展開をとげ、岸は石橋の発病というハプニングで、総理大臣臨時代理のポストに座っていた。

鳩山、石橋、岸、池田と四代の内閣で法制局長官をつとめた林《はやし》修三《しゅうぞう》（駒沢大教授）の記憶によると、

「昭和二十六年に安保が締結されて、翌年の四月に発効しました。ところが三十二年二月だったと思いますが、野党側が国会で問題にしはじめたんです。内容が不備だというんです。たしか河上丈太郎さんの質問がきっかけになったはずです。岸さんも改定したほうがよいと考えていたでしょうね」

という。しかし、河上丈太郎というのは、記憶違いのようで、この年の二月四日の衆院本会議で、岸の施政方針に対し、代表質問のトップに立った社会党委員長、鈴木茂三郎がはじめて安保問題を取り上げた。当時の議事録によれば——。

鈴木茂三郎君　「この際特に総理の所信を確かめておきたいことは、日米安保条約、日米行政協定に対する総理の基本的な考え方であります。砂川《すながわ》流血事件のような、同じ血につながる同胞が血を流すといった不幸な事件や、米国の軍政下における沖縄同胞の血みどろの抵抗を、総理はいかに考えられるか、いかに見られるか。

これらの問題についてアメリカ政府と交渉し、あるいは国連に提訴し、誠意を持って問題の解決に当たることはもちろん、こうした問題の根本的解決のため、同時に日本民族独立のために不平等条約の改廃を断行するため、総理は、国民とともに、政府をひっさげて、力強く一歩を踏み出す決意を持っていないかどうか」（拍手）

国務大臣（岸信介君）「安保条約の問題につきましては、今日の日本の状況から考えますと、われわれは安保条約及びこれに付属するところの行政協定上の義務は国際信義としてこれを履行する考えであります。

ただ、これらの条約あるいは行政協定にしろ日本の事情に適さないものがあるという議論につきましては、私は個々の問題を考え、さらに日本の自力によるところの防衛状態が一そう完備した上において、これが改正を考えたいと考えます」(拍手)

石橋辞任で臨時代理という肩書がはずれた岸は、この年五月、東南アジア歴訪、六月に訪米と目まぐるしく首脳外交を展開した。

「日米新時代」をキャッチフレーズにワシントン入りした岸は、国務省五階の国務長官室でダレスと向かい合い、はじめて自身の口で安保改定を切り出す。岸の証言、新聞報道などから、その時の模様を再現すると――。

六月二十一日の昼下がり、長官室では「日米新時代」を盛り込んだ共同声明案づくりが精力的に続けられていた。

日本側からは岸と官房長官石田博英、駐米大使朝海浩一郎《あさうみこういちろう》ら。米側からはダレス国務長官、ロバートソン次官補、マッカーサー駐日大使が出席し、双方が四角いテーブルをはさんで対峙していた。予定通りにいけば、午前中に共同声明を発表して、これをもとに岸がナショナル・プレスクラブで演説することになっていたが、作業は少し遅れぎみだった。

やがて共同声明の大筋がほぼ固まったころ、岸が口を開いた。

「せっかくこういう立派な共同声明ができたんだが、この際この声明と真っ正面から対立するものがあるから、改めよう」

けげんそうな表情のダレスに、岸は続けて、

「それは日米安保条約だ」

二年前、同じことをいった重光にかんで吐き出すように、ダメだとはねつけたダレスが、今度はニヤリとしただけで、

「そうか」

とうなずき、しゃべり出した。

「日米安保条約というものは、政治的に理論的にこうだから、こうしなければならんといったって、現実に軍事的な内容がなければ意味をなさない。政治家だけが抽象論的に決定すべき問題ではない。コミュニケに盛りこむなら、条約の運用を改善する程度の表現にとどめたい」

石田が口をはさんだ。

「運用の改善だけでは、せっかく打ち出した日米対等の原則と合わなくなる。条約の改正をふくむというものでなければ困る」

重苦しい雰囲気のまま日米の応酬が続き、記者会見の時間をしきりに気にしていた岸は、思い切ったようにぶち始めた。

「安保条約は日本に自衛力がなかった時に結ばれたものだが、いまでは日本は相応の自衛

力も備えるようになった。日米は対等の原則を確認し合い、新時代を迎えたのであって、その意味でも条約を再検討すべきだと思う。条約の内容をみても、期限、米軍基地、国連憲章との関係など、日本からいうと不満な点はあまりにも多いのだ」

岸、ダレスの議論は対立したまま堂々めぐりを繰りかえした。そしてその議論を打ち切るようにダレスが示したのが日米安保委員会の設置という新提案だった。

この提案は「安保改定」という日本側の要求を必ずしも呑んだものではなかったが、安保条約そのものをもう一度両国が検討し合うことを相互に確認し合った証であり、午後発表された共同声明には、「日米安保条約を検討するため両国政府間の委員会を設置する」との新たな一項がつけ加えられた。

安保改定が具体的に動きだしたのである。岸は自身の政権の最初の金字塔として、なんとしてもこれをモノにしようと決意したに違いなかった。岸の頭の中には安保につづく次の、さらにその次の政治スケジュールも組み込まれていたはずだった。改定作業の着手が同時に退陣への坂道であることをもちろん岸は知らない。それだけに、ワシントン交渉の成功は岸の野望を刺激した。政権を予期以上に早く手にした幸運が、よけいに自信をつのらせ、岸が描くグランド・デザインに向けて夢想はふくらむばかりだった。

こうした岸の取り組みをにがにがしくみていたのは吉田茂である。訪米二日前の六月十四日付『毎日新聞』に吉田は「訪米の岸首相に望む」と題する一文を寄せ、水をぶっかけた。吉田はいう。

「安保条約、行政協定の改正などについて意見が出ているようだ。しかし私はこれに手を触れる必要は全然ないと信ずる。今までのとおりで一向差支えない。条約を結んだ以上は互いに信義をもって守ってこそ国際条約といえる。（中略）条約というものは対等のものもあるが不対等の条約もあって、それを結ぶことによって、国の利益になるなら私は喜んでその条約を結ぶ。下宿屋の二階で法律論をたたかわしているようなことで、政治はやれない」

岸の安保改定にかける執念を「書生論だ」ときめつけたのである。占領時代の独裁者を自負する吉田にすれば、自身が敷いた政治路線を修正しようとする岸のやり口は許しがたいことだったのだろう。

安保改定は、とても吉田の継承者には手に負えない荒仕事にみえた。しかし反吉田を鮮明にしてきた岸にとっては、吉田の反撃が逆に刺激剤になったに違いない。なぜなら、それ以後、岸の改定作業には一段と拍車がかかるのである。

岸の執念

三十三年に入ると、岸は法制局長官、林修三に「(旧安保は) 改定したほうがよいなあ」と語りかけ、それとなく改定交渉への準備を指示する一方、ひそかに帝国ホテルの一室で駐日米大使のマッカーサーと会談し、初めて「安保の全面改定」を米側に伝えた。しかも岸・マッカーサーの秘密会談はこれ一回だけではなかった。

当時の秘書官、中村長芳はその内情をはじめて語った。

「全く知られていないことだが、岸さんは改定交渉で当時の駐日大使、マッカーサーと、都内の某料亭で夜な夜な数十回にわたって、二人だけで会談していた。どれくらいの期間だったかはよく覚えていないが、一週間や一〇日間といった短い間のことではなかった。私は会談に同席していたわけではなかったから、話の具体的な中身までは知らないが、条約の条文までも自分でチェックしたそうだ」

中村の証言がその通りだとすれば、きわめて異例の外交交渉といわなければならない。外交の最高責任者である外務大臣の藤山をさしおいて、岸自ら相手国の大使と頻繁に接触することなど、通常の外交常識からはおよそ考えられないからである。

しかも藤山は、帝国ホテルを舞台としておこなわれた、もう一つの秘密交渉を明らかにしている。

「安保交渉は大事な交渉だから、秘密が記者諸君にもれてはいけない。そこで表向きは一か月に一度、外務省で交渉し、問題点を整理して新聞記者に発表するが、これとは別に公表せず、こっそり会議を並行していくことになった。その秘密交渉の舞台には帝国ホテルを使った。それも用心に用心を重ねて、あっちの客室、こっちの客室と会議のつど借りる部屋を変えた。私と外務省の人たちは一人ずつ、人目につかないように入ってゆく。マッカーサー大使は、ホテルの東宝劇場に近い方のアーケードのある入り口を利用した」（藤山愛一郎『政治わが道』）

秘密交渉については林修三の証言もある。

「改定交渉は慎重に秘密裡に進められていましたが、昭和三十三年のいつだったか、これがもれたんです。交渉していること自体はもれても大したことはないのですが、内容がもれた。たしか私の記憶では、アメリカの新聞だったと思います。交渉がいかにもアメリカペースで進んでいて、日本の再軍備に重点が置かれた記事になっていました。自国の防衛の努力をしないところには米軍は応援しないという問題ですね」

林によると、野党が交渉内容の欠点をあげつらって、いちいちケチをつけ出したのはこの時以来だという。林は、

「まあ、あまり秘密にやりすぎたということはいえるかもしれませんね。少なくとも日本側の秘密は完全に保たれましたからね。条約について岸さんから何か指示らしいことは全然ありませんでした。こちらがもっぱら説明するだけでね」

とも語った。中村、藤山、林という、改定交渉当時、おそらく最も岸と接触することの多かった三人の証言を聞いて、浮かんでくるのは異様なまでの岸の秘密主義である。

中村は「石橋さんとの決戦では何もしなかった人が、安保改定ではほとんどすべてのこ

とを一人でやろうとしたのです」ともいい、執念と秘密主義が表裏一体になっていたことを裏づけた。

岸の不退転の決意は、三十四年六月の内閣改造にも現われている。安保騒動当時の法務大臣、井野碩哉の入閣のいきさつがそうだった。

「あの改造は安保を通すためのものだ。岸はどうしても安保を通さなければならないと考え、その一方、国民の反対が起こるであろうこともある程度予想していた。だから警備体制もしっかりしておかなければならない。そのためには法務大臣と自治大臣（国家公安委員長）を固めておかなければならないと考えた。そこで私を法務大臣にしたのだ」

と井野はいった。二人は戦前の商工省時代、東条内閣の閣僚、護国同志会のころ、巣鴨暮らしと、たえず行動をともにし、いわば同志的な関係にあった。

古井喜実の異色質問

ところで林修三によれば、改定をめぐって野党が指摘し、日本政府側も問題点と考えていたのは次の五つだった。

第一、旧安保には米軍の駐留が規定されているが、有事の際の日本防衛の義務が入れられていないこと。

第二、米軍の駐留を行政協定で決めるのでなく、議会の承認をとる形に変えること。

第三、旧安保に期限がないこと。
第四、米軍の装備に歯止めがないこと。
第五、アメリカはバンデンバーグ決議で、米軍が防衛援助を行なう場合は、その国が自ら防衛努力をしている国に限るとの方針をとっていること。

とくに第五点を、そのまま日本に適用すれば、当然、自衛隊の増強がクローズアップされることになり、事実、その後憲法との関係が大きな争点になってくるのである。

一年三か月にわたる日米交渉は三十四年十二月終わりを告げ、年が明けた一月十六日、岸ら安保条約調印全権団の一行はワシントンへ向け出発。「騒乱の六〇年（昭和三十五年）」の幕開けだった。

国会の審議は全権団の帰国を待って二月中ごろから開始されたが、外務大臣の藤山はしばしば立往生した。

衆院予算委員長のポストにいた小川半次はそれをジリジリしながら見守った。

「とにかく被害者は僕だよ。藤山さんと岸さんの特殊な関係は知ってます。ずっと岸さんを援助して総裁選のときも金を援助した。それで外務大臣にしたわけだね。しかし、安保の時の予算委員会、あの答弁のまずさにはまいったよ」

と小川がいまだに嘆くほどだった。それにひきかえ岸の答弁は慎重でソツがなく、野党にスキを与えなかった。

新安保を審議するために設置された衆院安保特別委員会の与党メンバーとして、古井喜実は論議の大詰めで質問に立ったが、岸との事前打ち合わせの場面を古井は克明に記憶していた。

「前日かどうかはっきりしないが私が質問をした日（五月十二日）の直前だった。岸さんに呼ばれて院内三階の総裁室で会った。大野伴睦（当時、自由党副総裁）が同席していた。もともと党首脳は僕が質問をすることを喜ばなかったんだ。石井さんや賀屋（興宣）さんが『止めたらどうか』なんていってきたけど、ボクは『そうはいきません。これは日本の大問題なんだから』と断ったよ。

松村（謙三）さんや、三木（武夫）さんは『ぜひやるべきだ』と勧めてくれたがね。質問を通告すると政府の役人があらかじめいろいろ聞きにくるんだよ。しかしいろいろやってみたが、めんどうだということになったんだろう。直接会いたいと岸さんからいってきたんだ。そこで僕の質問項目を岸さんに渡し、いろいろやったんだが、どうしても問題が残るんだな」

古井が「どうしても残る」といった問題とは、一つは事前協議制の頼りなさであり、もう一つは極東の範囲のあいまいさである。しかし想定問答の調整で、岸はしつこくねばった。

「いくらやっても岸さんは、はっきりものをいわんのだよ。それで僕は『そりゃ困る。私は質問項目はひっこめんのだから』といろいろいったんだが、どうもぴったりこない。伴睦さんが例によって足《た》して二で割る式のことをいうとったよ。

しかしキリがないしな。しまいにはこっちが『要するにこういうことでしょう』といっても、岸さんは黙っていて返事せんのだ。仕方がないので『あなた、そういうことで了解しますよ。それでええですか』といい残して席を立ったんだよ。しかし問題はやはり残ったんだ」

五月十二日、安保特別委における古井質問は二時間四十五分に及び、与党委員としては例のない異色なものだった。同じ三木派で、やはり特別委メンバーだった井出一太郎《いでいちたろう》（元官房長官、自民党衆院議員）もよく覚えていた。

「あの古井質問は相当聞かせた。与党は普通は、あまり長時間やりたがらないものなんですけどねえ。自民党の立場を踏まえてはいるが、同時に良識派の声を代弁したものでね。国会論議に記憶されていい質問でしたよ」

たしかに古井質問は新安保の疑問点を鋭く指摘し、岸をかなりのところまで追い込んでいる。しかし岸は最後まで言質をとられることをかたくなに拒んだ。

委員会速記録によると、古井はたとえば「極東の範囲」について三度同じ趣旨の質問を繰りかえし、条約に範囲を明記すべきではないかと迫った。しかし岸もまた同じ答弁を繰りかえし、最後にこう答えて古井を引き下がらせている。

「これは、先ほど古井委員からもお話がありましたように、極東という観念は、本来漠然とした抽象観念である。しかして、それでは非常に不安定ではないかということに対しましては、いわゆる事前協議で具体的に問題となった時において、日本の平和と安全に直接関係のある地域でなければ、これを認めないということを先ほどから申し上げておりますから、そういう漠然たる観念である、抽象的な観念であるとしても、決して心配はいらないのでありまして、これで私は解決していくべきものである、こう思っております」

論旨に説得力があるとはいい難かったが、岸のねばり勝ちのようなかっこうだった。

「あとで、岸さんからはなにもありませんでした。そこまでぴったり気持が満足してませんから、こっちもあっちもね。ただ、すんだあと、池田勇人が『オイ、よくやったなあ。新聞で読んだよ。ありゃあよかった』と電話をかけてきたことを覚えてる。あとを池田はねらっとったし……」

と古井は異色質問をめぐる証言をしめくくった。

樺美智子の死

古井質問から二日後には、安保改定阻止国民会議が「非常事態宣言」を発し、国会周辺はにわかに緊張の度を加えた。三月中旬ごろから繰りかえされていた波状的な反対デモはこの日を境に切れ目がなくなり、史上空前の騒乱状態が首都の権力中枢を包むことになる。

岸は次第にあせりの色を濃くしながら、五月十九日深夜、衆院安保特別委での審議打ち切り、会期延長、二十日未明、衆院本会議での強行可決へと突っ走った。

あとあとまで革新側が岸の強権政治を象徴する日付にした「5・19」は、安保騒動の重大なヤマ場になった。「5・19」を期して阻止勢力は闘争のマトを岸打倒に絞っていく。岸はジリジリと土俵ぎわに追い詰められていった。

安保改定案の本会議強行可決は、与党の自民党員さえ事前に徹底されないまま、唐突におこなわれた。「ペテンじゃないか」といきりたった自民党議員のなかには、本会議を欠席したものが数名いた。

そうまでして岸が強行突破を図った背景には、アイゼンハワー（略称「アイク」）米大統領の訪日計画がからんでいた。当時の防衛庁長官、赤城宗徳――。

「なぜあの晩、強行採決したかというと、アイク訪日の日程とからんでいたからだろう。訪日の日程は早くから決まっていたので、この訪日までに安保承認をすませておきたかった。日程から逆算して衆院での採決のリミットが決まっていたんだろう」

一方自民党は異常事態を想定して、ひそかに右翼を国会周辺に集結させた。その手配を担当した一人、当時の総務長官、福田篤泰が打ち明け話をした。

「もういってもいいだろう。実は院内で野党の秘書がわがもの顔で歩いているだろう。そんな空気をみてね、川島さん（正次郎、幹事長）が僕に『三多摩壮士といって昔から有名だろう。二日以内に強いのを四、五人集めてくれんか』というんだ。

あんな時だからね、僕もその気になって、昔、原敬《はらたかし》（元首相）の親衛隊長をやっていた亀山某というのに『二日以内に人数を集めてくれ。なるべく屈強なやつを』と頼んだんだ。そしたら三多摩周辺から四十数人集めてきた。とりあえず四谷の旅館に泊めた。下着も持ってこさせてね。一週間ぐらい待機させたかなあ。ケンカの強いの、といったからテキ屋もいただろうね。しかし、そのうちに野党の方から『自民党は暴力団をやとった』とかなんとかいわれてね。出動を見合わせた。結局出番がないまま、夜は酒を飲ませて、一週間くらいでそのまま帰したよ」

動員係を演じたのは福田だけではなかった。右翼団体の方からデモ退治を買ってでたケースもたくさんあったが、デモと世論の総攻撃の中で自民党が考える自衛手段が、まず右翼だったことは注目しておかねばならない。それが、当時の岸、川島、大野らの体質でもあり、結果的にデモ隊の怒りを増幅させた。

「5・19」のあとでは新聞論調もいっせいに「岸退陣」の方向を打ち出した。しかし、岸はなおも強硬で総辞職を迫って官邸に押しかけた社会党議員に、

「新聞、ラジオなどは必ずしも国民の世論を一〇〇パーセント代表しているとは思われない。これまでも新聞は、岸内閣が三日もたてばつぶれるようなことを何度も書いたが、つぶれるどころか長続きしているではないか」

と開き直った。

こうして六月十五日、岸は東大生、樺美智子《かんばみちこ》さん（当時二十二歳）の死に直面する。秘書官、中村長芳は岸の動揺が大きかったことを認めた。

「樺美智子さんが死んだという知らせが、岸さんの耳に入った時、岸さんは非常に沈痛な面持ちとなった。大変なショックを受けている様子でしたね」

樺ショックの深夜、岸は運命のときを迎えた。午前零時から一時間半の緊急閣議を終え、渋谷区南平台の私邸に戻ると、岸は、防衛庁長官の赤城を呼びつける。

赤城はそれまで治安閣僚懇談会の席上、大蔵大臣の佐藤、通産大臣の池田の二人からしきりに、

「デモ警備に自衛隊を使うことはできないのか」

と迫られていた。また幹事長の川島正次郎が、わざわざ六本木の防衛庁まで出向いてきて、

「赤城君、党内で君の評判が非常に悪くなってるぞ。何とかならんのか」

とけしかけたこともあった。岸だけはその夜まで自衛隊出動問題に触れようとしなかったが、アイクの訪日は迫っていた。

アイクの訪日中止決定

「岸さんがこの問題を口にしたのは、たった一回、樺さんが死んだ夜のことだ。私が呼ばれて私邸に行ってみると、岸さんを囲んで大橋武夫《おおはしたけお》(当時、自民党衆院議員)ら四、五人がいた。岸さんはその時、私に初めてこの問題を持ち出した」

と赤城はいった。岸とかわしたやりとりは赤城の記憶によると次のようなことだった。

「赤城君、自衛隊に武器を持たせて出動させることはできないかね」

「出せません。自衛隊に武器を持たせて出動させれば力にはなるが、同胞同士で殺し合いになる可能性があります。そうなればこれが革命の導火線に利用されかねません」

「それでは武器を持たさずに、出動させるわけにはいかないか」

「武器なしの自衛隊では、治安維持の点で警察より数段も劣ります。それに武器なしの治安出動という訓練も積んでいません。そんなことをして国民の間に『役立たない自衛隊ならつぶしてしまえ』という声が出てきたらどうします。私の在任中に自衛隊をなくさなければならなくなるような原因をつくるわけにはまいりません。どうしてもといわれるなら、私を罷免してからにしてください」

このとき、岸の口から出たのは問いかけだけで、岸自身の主張が全くなかったことを赤城ははっきりと覚えていた。ふっきれぬ気持を抱いたまま赤城は私邸を出た。

「私はあの夜、一人でずいぶん悩んだ。辞表を出すべきか、それとも権限のある総理が(自衛隊を)出せ、というのであれば、出動させるしかないのじゃないかと」

その夜、岸はアイク訪日中止について秘書官の中村長芳と激論を交わしている。

「夜中の三時すぎまでやり合いましたよ。私は『アイクに訪日を要請したこちら側から断るということになると、論理的には内閣に統治能力がないということになってしまう。だからどんなことがあっても断るべきではありません』とがんばったんです。

しかし、岸さんは『外国から元首がくれば、日本の元首が羽田に出迎えなければならない。アイクは軍人だからまだいいが、天皇陛下はそうじゃないんだよ。陛下にもしものことがあってはいけない。オレは死んでもかまわんが……』といって譲らない」

未明、岸はついにアイク訪日中止を決断した。それが退陣につながることを岸はよく知っていた。

翌日午後の臨時閣議で、岸は中止を言明。赤城の心配も瞬時にして吹きとんだ。のちに赤城が、

「もし、あの時、再度正式に自衛隊出動を要請されれば、私としても承認せざるを得なかったろう。全く紙一重の決意であった」（赤城宗徳「私の履歴書」）

と書き記すほど、それはきわどい選択だった。

アイク訪日中止の内幕はもうひとつすっきりしないところがある。多くの証言者は日本側、つまり岸の決断だと語ったが、当時の官房副長官、小笠公韶だけは別のことをいった。小笠は内閣官房で治安警備関係を担当し、閣議での治安問題の説明などを一手に引き受け

ていた当事者である。

「あの話は、正式に中止が決まる二、三日前からポツポツと出始めた。私はアイク訪日歓迎準備委員会の政府側担当者として、党側の担当者だった橋本登美三郎《はしもととみさぶろう》さん（副幹事長）と二人で、準備を進めていた。予備費からすでに歓迎費用を出していたので、中止になってから、始末をするのに二人で苦労したのを覚えている。

訪日中止は確かアメリカから延期が通告され、そうなったと記憶している。日本政府の閣議決定はアメリカからの通告を受けた形でなされたものだった。アメリカは、ハガチー事件が大きな影響を与え、中止を決めたということだった」

在京ＣＩＡが動いたという説もある。ともかく中止決定に米側の意思が働いたことは十分に想像できた。だが最終決断は招請者の岸がやらなければならなかったことであり、そこに政治責任が生じた。

この前後、岸の周辺には悲壮感が漂っていた。身近の何人かに向かって、岸は「死」とか、それに類する言葉を発している。そして騒動のさなかで岸がもらした片言を、証言者たちは十八年後のいまも記憶の中にとどめていた。一、二の片言をひろってみると――。

「日本で何かあれば、アメリカの上院の批准がだめになる。だから死んでもやるんだ」

（当時、護衛役の岸派議員、堀内一雄《ほりうちかずお》に）

「オレは絶対にやるよ。たとえオレの身がどうなろうともやるんだ」（郷里の親友、中野仁

義に私邸で）

その一方で、岸はおうようなところもみせている。郷里の山口からでてきて私邸に寝泊まりしていた久楽利郎は、

「あの時、ずっとそばで岸さんをみていたが、あわてている様子をみせたことは一度もありませんよ。あの人はふだんからいつも小さいことは一切口にしなかったし、会うといつも、国の進路はどうなるなんて大きな話ばかりする人だから。あの時もそんな話ばかりだった」

といった。どちらの岸がほんとうなのかはわからないが、私邸や郷里の実家が連日デモ隊にさらされても頓着しなかった。

そして六月十八日、新安保自然成立の日がやってくる。岸にとっては長い一日だった。

国会周辺は不穏な情報が飛び交った。

「全学連の決死隊が官邸突入をやるそうだ」

「デモ隊が批准書を奪いにくる」など——。この一日、仕上げを目前にした岸がどう送ったか。秘書官、中村長芳がいう。

「あの朝は岸さんや私がまだ南平台にいた時、閣僚の一人が『閣議を防衛庁で開いたらどうか』といいにきたが、岸さんは『いや、官邸に行こう』といって、間もなく南平台をでた」

警視庁は「警備力に限界があり、官邸はとても守り切れない」と、岸の身辺を気にしていた。

岸が正門を避け裏門から官邸に入ったのは午後一時半すぎ。周辺には激しいデモの列があふれていた。官邸に着くと間もなく官房長官の椎名を呼び、治安関係閣僚に招集をかける一方、いつでも臨時閣議を開けるようにと、全閣僚に禁足令を出している。

岸は午後八時すぎ、二階の総理執務室を出てトイレに入ると、その足で地下の喫煙室へ降りて行った。農林大臣の福田赳夫、労働大臣の松野頼三《まつのらいぞう》らがテレビを見ていた。岸はその中に入ると葉巻をくゆらせながら、一時間近く巨人―中日戦を観戦した。

法務大臣の井野碩哉――。

「昼の間は閣僚も大勢きていたが、官邸に翌朝まで泊り込んだ閣僚は、私と赤城宗徳の二人だけだった。自然承認というのは、時間さえくればそうなるのだから、問題はなかったが、デモ隊のことが心配でね。中に飛び込んできて、誰かが刺されることが一番心配だった。赤城と自衛隊を使うことも相談したが、彼は今の法律じゃだめだといっていた」

岸自身の話（インタビューで）――。

「いよいよ最後の一時間ぐらいになってからは、私は総理大臣室へ帰って、それから警視総監（小倉謙《おぐらけん》）がき、そのあと弟がきて話したんですね。弟と二人、まあいよいよとなりゃ、兄弟ここで死ぬるかという話で……」

自然成立の少し前、岸の命令で福田赳夫、福家俊一の二人は、副総裁の大野伴睦、幹事長の川島正次郎らと連絡をとるため、官邸の秘密地下道を通って表へ出た。福家によるとその時の状況はこうである。

「そろそろ十一時というころだった。赤坂プリンスホテル（党本部は臨時にそこに移っていた）にいた大野から電話がかかってきたのだ。大野は『約束どおり、安保が自然成立したら、直ちに内閣総辞職の声明を出せ』というんだ。電話口であれこれ引き延ばしていたが、『そちらが出さないのなら、こちらで声明する』といい出した。向こうには幹事長の川島がいるから、それもできるわけだ。それで岸さんは福田と私を使いに出したわけよ。

裏の地下道を通って表へ出て、赤坂プリンスへ向かった。行ってみると普通なら『お前は外にいろ』なんていわないのに、この時は『外にでていろ』といわれた。福田だけが中に入った」

大野のしつこい辞職要求には理由がある。三十四年一月、党内的に苦境に立った岸は、「次の政権は大野に譲る」という証文を書いていた。自然成立寸前の瀬戸際で、大野はその決済を求めたのだった。福家の証言が続く。

「岸さんは安保を通させてくれれば辞めるという約束を大野にしていたのだ。大野は『すぐ組閣に入る』という調子だった。そこで岸さんが策略を用いた。『約束は守る。しかし、天皇に手続きをしていない』。こういって引き延ばしに出た。そのあとも後継者の問題でああでもない、こうでもないを繰りかえしたわけだ。結局、僕と福田は官邸に戻れずじまい。時間がきて自然成立になってしまった」大野の攻勢をかわしたところで、岸の退陣はもはや既定のことだった。

自然成立の瞬間、岸の表情はどうだったのか。小川半次によると、

「バリバリ、ドンドンという投石の音が聞こえた。岸さんは腕を組んで背筋をまっすぐ伸ばしたまま椅子に腰をかけ、一点を見つめていた。ずっとそのままの姿勢をくずさない。誰かが冗談をいって空気をやわらげようと話しかけても『うん、そうだな』というだけで、また硬くきびしい表情に戻ったまま。やがて時計が十二時をさした時、僕は思わず立ちあがり、バーンと手をたたいて『ついにやった』と叫んだんだ。

みんなも立ちあがって、手に手をとり合って握手、握手。岸さんも久しぶりに出っ歯を出して『おい、みんなよかったなあ』と握手をした。気がついてみると七人しかいなかった。誰かが『七人の侍やなあ』というんで七人であったことを覚えているんだ」

小川が語った「七人の侍」とは、岸、小川、床次徳二《とこなみとくじ》（床次竹二郎《たけじろう》の次男）、大倉三郎《おおくらさぶろう》、坊秀男《ぼうひでお》、宇田国栄《うだくにえ》、遠藤三郎《えんどうさぶろう》らの岸派メンバーである。

午前二時すぎ、岸は執務室のソファーにごろりと横になった。

午前五時半、岸は起きて、ニコリともせず車に乗り込み、フルスピードで南平台へ。秘書の片貝光次らが出迎えた。

「十九日の朝、六時か七時ごろだったと記憶してます。南平台に戻った岸先生は私たちに『ごくろうさま』とねぎらいの言葉をかけたあと『棺をおおうて定まる』という中国の故事を引用しながら『私のやったことは歴史が判断してくれるよ』と話していたのが印象的でした」

六月二十三日、批准書交換の日に岸は正式に退陣を声明した。

安保十八年目の感懐

以上が「戦後の岸」を凝縮したような安保改定をめぐる証言レポートである。岸は「五十年後の評価」を口にしたというが、インタビューで十八年目の感懐を聞いてみた。

――反対運動の性格について。

「安保や国防という問題について。国民の関心が非常に低かったことは事実だと思うんだよ。今でも低いんだから。

反対は国民的なものではなく、ごく一部の反対だと思うんだ。組織された本当に国民的な反対なら、デモが清水谷を出た時に千人であったものが、だんだん市民が加わって南平台にきた時は何万人になるというのが、どこでも国民的反対デモだよ」

――辞職を決意したきっかけは。

「そりゃあね、アイクの日本訪問を行えなかったことだ。アメリカの元首が正式に日本を訪問すると日程を決め、すでにアメリカを発っておったのにもかかわらず、治安の関係で日本に迎えることができなかったということは、当時の政治の最高責任者である私としちゃだよ……。私自身としては、この安保条約を完全に発効せしめたらだな……」

――樺美智子さんの死について。

「ま、とにかくあの当時のナニからいうとね。あの事件が決して警備の粗相のために起きたんじゃなしに、デモ自体が不統一みたいなデモをやっているんだから。押しつぶされてナニしたんだけどね。そりゃ、非常に気の毒なことだけれども、私は警備力の問題じゃないと思うんだ。これはデモの不統一な……」

――自衛隊の出動を検討したことは。

「そういう議論もありましたし、私にそのような進言をしてきた人もいた。鉄砲撃たせりゃ、それは自衛隊は強いですよ。鉄砲を撃たせずに、一切の武器の使用を禁止してデモの警備にあたらせるとしたら、警察力にははるかに及ばないものですよ。そしてあの状態で鉄砲を撃たせるわけには絶対いかないんだから。あの時の防衛庁長官は赤城君でね。検討はしたと思いますよ。しかし私は（自衛隊を）使うつもりはなかった。そういうことを私が正式に赤城君に話した記憶はありませんがね」

――安保改定に執念を燃やした理由は何か。

「私は岸内閣の使命の一つとしてこれをやろうと初めから考えとるんだから。また内容も旧安保条約と比べ、一〇〇パーセントいいものだと思うし、これをやりえなくては国際的な日本の信用を失墜するのみならず、旧条約が復活するようなことは、私としては絶対に是認できないんだから。したがってどんなことがあってもこれは必ずやり遂げるんだと」

——しかし、安保を強行しなかったら、岸内閣はもっと続いていたかもしれない。

「それはあるかもしれない。だけど（内閣が）長引いたってしようがないじゃないか。内閣というものは、時期が長いのが偉いんじゃなしに、何をしたかということが問題であってね」

——あのとき辞めなくてもよかった、と思うことは。

「いや、思わないねえ。あのとき辞めたから、あと日本のために非常によかったと思うんだよ。がんばっておってみろよ、私はナンだけども、やっぱり人心がナニしなかったよね」

第６章　岸とカネ

日韓癒着の黒いウワサ

さて、カネの話に移らなければならない。ボロを出さないことが、かえって岸の大物イメージを高めているという実感はすでに述べたが、「戦後の岸」を追跡してみて、一つひっかかるのは、岸周辺の人物の証言に黒いうわさがなさすぎることだった。

うわさはいつも周辺を離れた外側で推測的に語られていた。それが、ほんとに推測でしかないのか、隠蔽《いんぺい》装置が完璧なためなのかの検証は、岸政治の評価に重大なかかわりを持ってくる。これまで触れてきた、岸が目論《もくろ》むグランド・デザインに汚濁が認められた場合、デザインの値打ちは急落するはずだからだ。

まず岸とのインタビューから――。

──政治資金を調達するうえでの鉄則のようなものがあるか。

「いや、別に鉄則というようなものは持っておりませんけどね。私は、別に何をしてやるから金を出せとか、そういう、いわゆる利益関係とはナニでないしね。

多年、とにかく友人の関係とか僕自身に対する友情から出してもらうような金だけナニして、あとはまあ、とにかく自分自身のなけなしの金を使うというほかないですよ。だから、私のほうはあまり金を使うてないやね」

──友人で長い間熱心に資金援助してくれたのは。

「私が戦後、巣鴨から出た当座、ずいぶん藤山（愛一郎）君が私の面倒を見てくれました。私が政界に復帰するまでのね。それ以外には、住友化学の社長、会長を長くした土井《どい》正治《まさはる》、あれは私の東大の同級生でね。住友に入った当座から非常に親しくしておるもんだからね。それから、松下幸之助《まつしたこうのすけ》君だとかいうような人々から、ある程度……」

──そうすると、学生時代の友人と山口出身の者が中心だった。

「まあそうですね」

──商工省の時代につきあいのあった人たちはどうか。

「それもありますね。たとえば、稲山《いなやま》（嘉寛《よしひろ》）君だとか……。あの連中は、商工省で私の下にいたし、それが新日鉄のああいうナニしてるしね。それから、死んだけど永野護君。（永野）重雄君の兄貴だ」

――外国に相当の資産を隠しもっているという話がささやかれているが。

「調べてくださいよ。どこかにワシの知らんのがあれば、大いに拾いもんだから（笑）」

――賠償問題や日韓問題などで、カネをめぐる黒いうわさがある。

「（語気を荒らげて）そういうことはありえないんだけどね。そんなことをいっている人がいるけれども、（賠償問題で）外国の、たとえばインドネシアあるいはフィリピンという外国の事情がどうなっているとか、向こう側のことは知りませんよ。向こう側のすることは知りませんけれども、日本が賠償する場合において、賠償に関連して、変なカネの動きがあるというようなことは、私自身のことだけじゃなしに、一般の問題としても、私はありえないと思うんだよ。どういうことでそういうことがいわれているのかと思いますがね。

そりゃあ、私の時代にずいぶん賠償問題で……。ことにインドネシアのヤツは、長年スカルノ（インドネシア元大統領）との間でやったし、それからフィリピンの賠償も……。これは私の時代（に調印されたもの）じゃないけれども、われわれが斡旋したことは事実だし……。それから、日韓の問題は私のときじゃなしに弟の時代ですけどね。これは（みんなが）いろんなことといってるけど、僕をしていわしめれば、みんなゲスの勘ぐりというか……。勘ぐりしているヤツのほうがどうかと思う、私は。

私の自らのことについては、いろんなことをいわれていることも知ってます。それにいちいち弁解したって始まらんから、もう取り合わんことにしてるんだ。そんなこと、ありえないですよ。だから、私は、人のこと、他の政治家の場合においても、そういうことがありうるとは信じていない。私自身がそんなことは絶対にありえないから」

――田中角栄が（ロッキード事件で）逮捕されるような状況について。

「われわれとしては、ちょっと想像がつかんね。私は想像つかない」

――岸さんというと、なぜいつも黒いうわさが出ると思うか。

「それは私の不徳の至すところだ……」（笑）

疑惑について、岸は全面否定である。「不徳」という言葉が出はしたが、同時に「ゲスの勘ぐり」とののしった。

しかし、黒いうわさは、岸内閣発足のころから二十年後の今日まで途絶えることなく尾を引いている。その時間的長さに着目しないわけにはいかない。

たとえば内閣誕生二年後の新聞報道に次のような記述がある。

「〝三悪追放〟を看板にしてスタートした岸内閣が最近、何かにつけて〝金権政治〟だと批判されている折から、その真偽のほどはともかくとして、この種の疑惑がアレコレとならべたてられたことは岸内閣にとってかなりの痛手だったといえよう」（三十四年二月十四日付『朝日新聞』）

さらに、同じ年の三月五日、岸は参院予算委員会で社会党の矢嶋三義《やじまみつよし》から、

「あなたの身の潔白を証明する意味において、衆議院でもでましたのですが、お宅の財産

目録を資料としてひとつ出していただきたい」

と追及された。国会審議でいくつかの疑惑を指摘されたすえの財産公開要求であり、総理大臣としてはじめての不名誉だった。

岸の紹介文献の中では、政権を握るまでの岸を比較的正確に跡づけている『岸信介伝』（吉本重義《よしもとしげよし》著、三十二年十月刊）をみると、カネに対する信奉がかなり露骨に記されている。「とにかく政治と金は切っても切れないとの考え方は、今日に至るまで終始かわらない岸の政治に対する根本的なものだ。『政治は力であり、金だ。力ある者のみが党内競争者を蹴落とし、その主導権を確立することが出来る。そうすることによってのみ自分も保守統一を遂行出来るのだ』

これは当時の岸の信念であった」

伝記の中の言葉が岸の口から実際にでたものかどうかはわからないが、そうであれば岸の拝金思想は相当なものである。

多分、岸はこの信念を実践した。「競争者を蹴落とす」才能において、岸が戦前、戦後を通じ屈指の政治家だったことは述べてきたが、日本民主党の結成（二十九年）、保守合同（三十年）という保守統一の過程で、岸がいつも新党の幹事長のイスを射止めたのは、卓抜した集金能力に負うところが大きい。

保守合同のころ、岸派の始関伊平（自民党衆院議員）は、

「岸さんは保守合同では三木武吉さんを実務面で助けた。それだけでなく、資金集めでも中心的役割を果たしてました。岸さんは飛び抜けて財界主流に知り合いが多かった。とくに鉄鋼、電力には顔が広かった」

と財界との強い結びつきを強調した。「財界と岸」についての証言はたくさんあった。満州時代から親交のあった北野重雄《きたのしげお》（群馬県知事、商工経済研究会会長）がいう。

「昭和二十六年ごろ以後の岸さんは、すでに世間では大変な大物と見られ、あのままで終わる人ではないと思われていた。人脈もすでに相当広がっていた。政治面でのスポンサーの中心は藤山愛一郎さんで、その他には永野護氏が岸さんのために資金集めを担当していた。財界の中の岸人脈には商工省時代に知り合った人たちもいたが、それよりも岸さんの中学、高校、大学時代の友人のほうが圧倒的に多かった」

岸にむらがる財界人

また、山地一寿も、

「岸さんは、戦前の商工省時代から日鉄（いまの新日鉄の前身）合同をやったりして鉄鋼業界の育成に尽力してきており、この方面に広い人脈をもっていた。この関係で永野重雄氏などが岸さんを支援してくれた。戦後になって応援してくれた人の中には、いよいよ岸さんの恩に報いるときがきたといってくれる人さえいた。こういう事情だったから、再建連盟をつくったときにしても、こちらが頼みにいくと、戦前からつながりの深かった人たちはみんな協力してくれた」

と語った。岸が早くから財界に献金人脈をもっていたと同時に、財界側の岸に対する期待も大きかったことは、次の始関の証言などに顕著だ。

「岸さんが巣鴨を出た直後に、新橋の『峰竜』という料亭で日鉄関係者による岸さんの歓迎会が催された。私は当時まだ役人だったが、この席にかけつけたんです。この会には永野重雄さんや稲山嘉寛さんなどがでていた。そのころは、岸さんのまわりに出所直後から多くの財界人が近づいてきた。ワーッと集まる感じで……。戦犯容疑者だった男とのつき合いは控えようという者はほとんどいなかった。

私は商工省時代の岸さんの部下だったが、商工省、通産省を通して、私の目には、産業界の人たちの方で岸さんをよく知っているのだなと映った。そこが田中角栄さんと岸さんの違いだ。田中批判をやる財界人はいないわけではないが、財界人の岸批判はいままで聞いたことがないですから……」

岸はさらに、そうした財界、産業界との深い関係を政治的にも使った。岸の手法はかなりどぎつかった。福家俊一の体験的な感想によれば――。

「岸さんにはさからえないよ。なぜなら、岸さんが強大な力をもっているからだ。事実、あの人にさからってつぶされた自民党代議士が四、五人はいる。たとえば、岸さんが電力会社の社長に、あの男を選挙で落としてくれと頼む。電力会社の反対にあったらやはり落選する男が相当いるわけだ。自分に刃向かう者に対するやり方は徹底しているが、それよりも電力業界などに対する岸さんの発言力は隠然たるものがあると思ったね」

つまり、岸の戦前からの経歴と実力は政財官の三者癒着体制の大御所としての立場を築いた。岸は政財、官財、政官と、どの結びつきにあっても、シンボル的な存在であり、カネは体制の内部を複雑に流動している。だが、そのことだけで直接的に黒いうわさにつながっていくはずはなかった。

岸だけでなく、三者癒着体制に組み込まれていない保守政治家は見当たらないわけだが、そこに黒っぽさがでてくるかどうかの違いは、カネを受け取る手法・範囲・分量などによるのだろう。

岸の場合、とにかく内閣がスタートしてから安保改定審議で国会が揺れはじめるまでの三年たらずの間に、六件もの「黒い疑惑」が国会を舞台に追及された。

千葉銀行不正融資事件、自衛隊次期主力戦闘機（ＦＸ）選定問題、フィリピン賠償、インドネシア賠償、別荘建設費問題、ベトナム賠償などをめぐる疑惑がそれであり、さらに最近は日韓間の利権が取りざたされている。いずれも確証はないのだが、国会審議の中では手法・範囲・分量のあれこれが小間切れに指摘され、岸は次第に黒いイメージに包まれる結果になった。

「ゲスの勘ぐりだ」という岸の反駁は、どうも迫力を失ってくるようだ。なぜそうなるのか、という問いかけに対する、証言者たちの回答を二つに分けることができた。

一つは、冒頭でも述べた取り巻き性悪説。満州時代の部下の古海忠之は、

「よくわからないが、ただはっきりいえることは、あの人は遠慮せずにポンとカネを受け取るということ。岸さんに金を出す人脈も広いし、岸さんは他の人よりも多くとる方だね。それにこういうこともある。岸さんの名前で自由自在に金集めをやってきた連中がいるが、岸さんが黒いうわさを書き立てられるのは、こうしたまわりの者のせいだともいえるね」

といい、元岸派議員の小島徹三《こじまてつぞう》も、同様のことを指摘した。

「私の印象では、岸さんの周囲に世間からいろいろといわれているような人たちがいて、この人たちがうわさのタネになっている。そういう連中が自分の周囲に集まってきても、岸さんの方で選り好みをしないためにうわさを呼んでいるんだと思いますよ。

一言でいえば、取り巻きの連中によくない人間がいるということだ。岸さん自身は自分の私欲のために金をつくる人ではない。蓄財する人ではないよ」

さらに元秘書の松岡敬祐。

「人に対する好き嫌いがない。他人からみてちょっとおかしいと思えるような人物とも平気でつきあいをもつんです。それで、私は一度、岸さんに、『まずいんじゃないか』といったことがあるが、岸さんにはこともなげに『有名税だよ』の一言で片付けられてしまっ

た」

同じような話はほかでも聞かされた。「清濁あわせのむ性格だから」という岸評もたくさんあった。だが、取り巻き性悪説には説得力が乏しく思われる。そういう面があることは否定しないが、取り巻きと岸を切り離して考えるところに難点がある。常識的にみて、取り巻きだけでやれる「黒い仕事」は知れたもの、と思えるからだ。

きれいな水だけ飲む

むしろいま一つの濾過器説の方がわかりやすく、岸的だった。岸が受けとるカネは幾層かの濾過器を通り、適当に洗浄されているから、うわさ程度にとどまるのではないかという見方。

「濾過器」という言葉自体も実は岸の口からもれていた。かれこれ四十年も前になるが、満州生活を終えて帰国する昭和十四（一九三九）年十月、岸は別れの席で部下たちに、

「政治資金というものは濾過器を通ったきれいなものを受け取らなければならない。問題が起こったとき、その濾過器が事件となるのであって、受け取った政治家はきれいな水を飲んでいるのだから、かかわりあいにならない。政治資金で汚職問題を起こすのは濾過が不十分だからです」

と教訓をたれた。そして、岸が満州で体得した資金調達の哲学を、戦後も生かしている

のではないか、と思わせる多くの証言に出くわした。

　黒いうわさについて聞いたとき、岸に法制局長官として仕えた林修三は、

「岸さんは、歴代の総理の中では頭のよさでは一番ですね。答弁のうまさなんかは抜群です。岸さんはどこから突っつかれてもボロを出しません。官僚的にすぐれているから、要領もいいですね。黒いうわさ？　そういうことにひっかかる人ではありません」

　と明快で、赤城宗徳も同意見だった。

「万一岸さんがうわさされるようなことをやっていたとしても、あの人は捕まるようなヘマをやる人ではないよ」

　もっとはっきりと濾過器説を裏づけたものもいた。たとえば北野重雄である。

「岸さんは、金を受けとるとき、決して変なとり方はしない。必ずどこかにいくつものクッションをおいている。非常にうまく金を入れている。不浄の金をそのまま受けとるわけがない」

　また福家俊一は、

「黒いうわさの具体的ないきさつか。そりゃあ知らないといわざるをえないな。政党を采配するうえにはそれなりのカネがいることは事実だ。だが、岸さんが、とやかくいわれたけれども、田中角栄のように問題にならずに終わったことについては、大いに理由がある。あの人が東大閥、官僚組織をがっちりと押えていたからだ。これが岸さんを守ってきた。

池田勇人にしても、佐藤栄作にしても、また田中角栄にしても、この人たちは戦後の一成り上がり者だ。彼らと違って、岸さんには戦前、戦中、戦後を通じてでき上がった偉大な土壌がある。産業界には商工省時代からの人脈がある。それだけに、岸さんが面倒を見、世話をしてきた人たちがたくさんいるわけだ。戦後になって官僚からポンと政治家に成り上がった人たちと実力、底力が違う。また、岸さんという人は、田中角栄みたいに直接に金の授受にはさわらない。ちゃんと代理がいるよ。二人を比べると、賢さの程度が違うよ」

とぶった。クッション、土壌、代理……。いずれも濾過機能の代名詞である。取り巻き性悪説の取り巻きも、場合によっては、性能のいい濾過器に早変わりするかもしれない。

いま一人、政治の裏側に通じている伊達宗嗣《だてむねつぐ》（国際経済技術研究所勤務）の話は、さらに強烈だった。

「政治資金調達システムを編み出したのは岸なんです。政治家は汚いカネにさわってはダメだというのが彼の持論で、そのノウハウを考え出した。それまでにそんなことを考え出した保守党政治家なんて誰もいませんよ。つまり、あいだに人をおくということですよ。このあいだに立つ人というのは、代理ではない。第三者的な立場でカネを受けとるべきだというわけです。戦後、巣鴨を出てから彼ははっきりと意図してそれをやった。

それには教訓があるんです。戦前、政府のアヘン政策は大本営が全部やっていたが、実際にそれをやっていたのは民間人です。僕は、里見《さとみ》（甫《はじめ》）からそれを聞いて知っている。たとえば、里見が上海でアヘンを使って集めたカネというのは、当時、全部汪兆銘政府の政治資金だった。一日で何億というカネが集まるんですよ。それを他に回すわけだ。そのテクニックを岸は全部知っていた」

ここに登場する里見甫のことに、少し触れておかねばならない。第一部第5章で既出した「里見某」のことである。里見は戦前、満鉄から満州国通信社社長を経て、のちに上海に移り、上海を拠点にアヘンの元締めとして謀略と特務工作に携わっていた。

里見と岸の関係について、戦前、満州国政府機関誌『斯民《しみん》』の編集者として二人とつきあいの深かった福家は、

「里見は、満州国通信社をやっていて、岸さんは満州政府の高級官僚だったから、会見やら何やらで里見とつきあうことも多く、知り合いになったんだ。私も同じ報道関係なので里見と知り合った。

さらに、里見は満鉄出身ということで、岸さんの叔父にあたる松岡洋右満鉄総裁に非常に可愛がられてね。こちらの関係からも岸さんと親しくなったということがあった。

そのあと、私は甘粕（正彦）さんが上海につくった『大陸新報』の社長になり、満州から上海に移ったが、里見もアヘンの関係でその後上海に移った。上海に行ってからも、里見はときどき日本に帰ってきており、その際には日本で岸さんにも会っていたようだ。

里見はほんものの中国浪人であり、国士だった。里見、甘粕、岸さん、私らは、当時みんな仲間だった」

と解説した。戦前のアヘン取引きで、戦後、里見はＧＨＱから追われていたというが、四十年三月二十一日、六十八歳で死んだ。

千葉県市川市にある里見の墓をのぞいてみた。墓石の片隅に岸の手になる「岸信介書」の文字が刻み込まれている。岸とはそれほどの仲だったということであろうが、里見が動かす巨額のアヘン資金の流れを岸は満州でみていて、なにかを悟った。それが帰国のときの「濾過器」発言になったという想定は成り立つのではないか。

カネを受けとる手法・範囲・分量のあらゆる面に、高精度の濾過装置を巧妙に仕組んだとしたら、決定的にボロをだすことはないだろう。金権的といわれる岸とカネの関係にはそうした逃げ道がかくされているのではないか、という疑惑が強く残る。

第７章　新覇権主義

「両岸」か「信念の人」か

一見して明快で、単軌道を走っているように映るが、岸は類まれな複層人格ではなかろうか。「戦後の岸」のレポートを締めくくるにあたって、一人の男性としての岸の個性と、戦前戦後の日本の国家経営に重要なかかわりを持ち、今後にも少なからぬ痕跡を残していくであろう大型指導者としての岸とを混同させることが、岸分析を狂わせる危険性につながることに気づかないわけにはいかない。

岸の周辺の人たちは、それぞれに岸の強烈な体臭と個性に魅惑され、岸はまたそれだけの吸引力を持ち合わせていた。長男の岸信和が、

「会ってもらえればすぐ好きになりますよ」

とインタビューを強くすすめたことが、なによりも父親の人物についての自負を物語っている。たしかに長時間のインタビューの結果は人物としての好印象を与えた。

だが、そうした岸自身と周囲の証言の積み上げが、政治指導者としての岸の像をも必要以上に美化したのではないか、という懸念は否定できなかった。

岸の個性を知るうえで、戦前からの長い付き合いである福家俊一が語った岸・佐藤兄弟の対比が面白い。

「頼んではいけないことを頼んだときの話だがね。岸さんは周りに人がいても、すぐその場で『よしわかった』と引き受けてくれる。帰りがけに、頼んではみたがひょっとして岸さんに迷惑がかかってはいけないと思って、すぐにひき返して、『いまお願いした件、おやじさん、あれはなかったことにしてください』というと、岸さんは『いや、その件ならもう電話ですましたよ』とケロッとしていう。ところが、そのときにはまだ相手に電話なんかしていないのだ。それでも、岸さんは平然としとってね、清濁をあわせ飲むんだ。

弟の佐藤さんの場合はどうかというと、頼み込んだ場に誰か別の人が同席していると、見栄をはってしまう。プイと横を向いて『それはできないな』とはっきりと断わるね。『えらい冷たいですな』といっても、『冷たいといわれても、オレはできないことはできない』と突き放す。ところが、家に帰ってみると、もう『福家君が怒って帰っていったが、話はよくわかった。ちゃんとするから心配しないようにと伝えてくれ』という電話が入っているんだ。

結果的には同じように引き受けてくれるんだが、性格的にこんな違いがでてくるということだ」

男性的で即断即決主義。引き受ければ厄介なことでもさばく。世話好き、宴会好き、女好きの庶民性。そして頑固で一徹な面も。

強引さの一方で、岸は家庭にもどると気弱なところもみせた。郷里で親類づきあいの八《や》木重樹《ぎしげき》（ちまきや社長）はかつて南平台の私邸にきたときに、こんな情景を目撃した。

「総理時代のことです。夜八時ごろ岸さんが帰宅したんだが、ちょうど家族全員で寿司を食べているところでした。岸さんは、部屋に入ってくるなり、そのまま寿司をつまもうとしたんだね。ところが、奥さんが、『手を洗ってきなさい』と叱った。岸さんはシブシブ手を洗いにいった。もう一度寿司をつまもうと戻ってくると奥さん、今度は『風呂に入ってから……』というんだ。仕方なしに岸さん、風呂場に行きましたよ。

結局、寿司はつまめずじまいになった。恐妻家のようだね、岸さんは」

八木には、あの安保をやり遂げた岸の隠れた一面、つまり「好ましくいい亭主」のイメージが焼きついている。岸の人間観察について、批判じみた証言はほとんど聞かれなかった。何人かが指摘した「清濁あわせ飲む」という体質も、頼もしさの修飾語に使われていた。それの代表的なのが北野重雄のような批評で、

「総理大臣のころは、よく『ソツがない』とか『両岸』とか『八方美人』といわれたが、もともとそういう評とは正反対に一本調子の人ですよ。岸さんは昔から故郷の吉田松陰を尊敬しておって、どんなことがあっても、わが信念を貫くといったところがある。私からみると、総理を辞めてから、またこの地《じ》がでてくるようになったらしく、サバサバした調子でやりたい放題やってるようです」

といったことになる。身近に岸をみている人たちの間では、陽気で気骨のある権力者像ができあがっていて、それが一般の世評と違うためによけいファン心理をかきたてているようなところがあった。だが、岸の実像は、そうした周囲の評価とはおそらく別のところにある。

世間と周囲と、まちまちの批評について、岸自身はインタビューの中で、こんな言い方をした。

「まあ、世の中というのは案外そういうことだろうけれども、自分自身というもの、本当の岸というものは人には理解されん。私は女房と大学時代に結婚したもんだから、来月で満六十年になるんだけど、まだときどき女房に『そんなことわからんか』というんだ。まあ、これは冗談だが、社会的活動をしてみて自分の真意というもの、考え方が世の中の人々に正しくそのまま理解されるということはなかなかむずかしいですよ。いろんな誤解なり、過度にほめられることもあるし、そういうもんですよ」

岸には、戦前の官僚時代も含めて四十年近い政治生活を通じて懸命に敷いてきた軌道、国家経営のグランド・デザインが、その後の政治リーダーによって十分に継承されていないことへのあせりがあるに違いない。

岸の不満は、東条英機、大野伴睦、藤山愛一郎の評価、そして愛弟子であるはずの福田赳夫への批評の中に端的にあらわれていた。

まず東条について、

「私は満州時代から東条さんを知っている。非常に軍人らしい軍人であり、清廉《せいれん》さという意味においても尊敬すべき人だったと思いますね。事務処理なんかも非常に敏活で正確だ。しかし、ああいう国が興亡を賭けたような非常時における戦争指導者としての見識というか、それに欠けておったように思うな。

まあ、ああいう場合における戦争の指導は、軍に対する指導力も必要だが、国民をうまく引っ張っていき、同時に戦機を見て進退を決しなければならないわけで、これはまあ、誰にもなかなかできることじゃないだろうけどね」

大野にはこんな批評をした。

「政党人としては練れてるし、人間としてもね。しかし、新しい時代の政治家として一つの政治の理念を持ち、国内だけじゃなしに国際的な立場において日本を代表するという意味からいえば、適当な人とは思えなかったな。総理として一国を率いていく人とは思ってなかった」

さらに藤山――。

「私が藤山君を外務大臣にしたのは、ただ外務大臣だけやらせるつもりじゃなしに、政治家としての大成を考え、総裁候補として育ってもらいたいということだった。けれども、ちょっと私の期待と違ったな。どういったらいいか適当な言葉でないかもしれないけど、政治家としては物事の考え方に少し女性的なところがあるね。私は藤山君には非常に世話になったし期待しとったんだが、残念だ」

東条は戦争末期、岸の造反によって、内閣を倒され、戦犯で刑死。大野、藤山はいずれも岸から「いずれ政権を」といわれながら、果たせなかった。

三人とも岸にうらみを持った政治家であり、岸がいまも三人に対する指導者失格論を遠慮会釈なくぶつのは冷酷にすぎる印象もあるが、岸には批判を加えることに躊躇がない。それは、岸の考える指導者原理との不一致に岸は確信を持っているからで、現役の福田に向けた批判にもつながっていく。

福田について岸は、

「まあ非常に頭はいいし、ことに経済問題に関してはすぐれたものを持っているけれどもね。しかし最近の福田君を見てると、決断に欠けとるな。政治家としては毀誉褒貶《きよほうへん》を外して、真向うからパチッとやることが必要なんだ。しょっちゅうそれをやっちゃあいかんけど、福田君はどうもあっちこっち気兼ねしすぎてる。総理なんだからね。僕は常にそういってるんだ。福田君もわかっちゃいると思うんだけどね。

総理として大事なことは、どれだけ長くやるかやらんか、ということじゃないぞ。これだけの人間がおるんだから、一〇〇パーセント各方面が支持してくれるということはないよ。そのへんがどうも党内のあっちの勢力、こっちの勢力に気兼ねしすぎとるんで……。やっぱり福田君は好意をもっているヤツを率いて、好意をもたんヤツとは一戦交えるぐらいの覚悟があっていいと思うんだけどね」

と不満を語った。オレを見習え、といわんばかりだった。

東条、大野、藤山、福田。その誰にも真似のできない決断力と政治理念によって、安保改定という大事業を仕上げ退いたんだ、という自負心、自身の政治路線に対する揺るぎない確信が、岸の口吻には強く漂っていた。

岸ほどの強烈な信念型の政治指導者は明治以来の政党史の中でもまれなのではないだろうか。岸はよく明治の桂太郎《かつらたろう》、昭和初期の若槻礼次郎《わかつきれいじろう》、さらに戦後の吉田茂と対比されるが、その迷いのなさにおいてきわめて異色である。それだけの信念に裏づけられた岸政治の正体とは一体何なのかをいま一度整理しなければならない。

岸が命運を賭し、強権的に処理した安保改定のあとの、政治の荒廃を象徴するように起こった刺傷事件が改めて想起される。血の気を失ったうつろな眼の岸の写真が、昭和三十五年七月十五日付の各紙朝刊に大写しで載った。

前日の七月十四日、首相官邸で開かれていた自民党新総裁、池田勇人の就任祝賀会の会場で岸は太股を暴漢に刺された。翌日の正式退陣を、岸は病院のベッドで迎えなければならなかった。

岸を刺した男

岸に襲いかかった男、荒牧退助《あらまきたいすけ》。すでに名前を記憶する人が少ない。荒牧の「その後」はどうなのか。行方を尋ねた。岸政治の幕引きの日、岸の肉体に刃物を突き刺した男の内面に、岸政治のなにかを知る手がかりが隠されているように思えたからである。

荒牧は東京都下、小平市の公団住宅の一室で、老妻とひっそり隠れるように暮らしていた。すでに八十三歳。イガグリ頭は真白で、度の強いメガネをかけた上に天眼鏡をとり出し、さし出した名刺の文字をなめるように見た。

「そうか、あがんなさい」

とあっさり招き入れたが、2DKの部屋には家具らしい家具もなかった。

「岸のことか。それじゃこれを読みなさい。これを読んだあとの方が、話がしやすい」

一冊の本をポンと畳の上へ投げ出した。『日本暗殺百選』という題名。

荒牧は戦前の右翼団体「大化会」のメンバーで、一時満州に渡り、戦後は福岡県下の小さな炭鉱を経営していたが、昭和三十一年に倒産して上京。しばらく右翼の大立者、三浦《みうら》義一《ぎいち》の世話を受けていたという。荒牧はまず刺したときの状況を昨日のことのようにしゃべった。

——最初に当日のことを。

「あの日、やろうと決めていたから、登山ナイフを皮ケースに入れて、ズボンのベルトにつり下げたんだ。上に背広を着たら見えない。ナイフは戦前、四谷三丁目の夜店で買った。官邸に行くとパーティが始まっていた。岸はビールを飲んでいたので、ワシもビールを飲んで、寿司をつまんだ。暑いので上着をとろうと思ったけど、ナイフが見える。屋台の裏へ回って脱ぎ、ナイフを外して上着の内ポケットに入れて、腕でかかえた。会場なんか党員バッジでもつけていれば誰でも入れるんだ。あの時は院外の荒牧忠志という男に手配させ、紙の札（入場証）を胸にさげていたから、すぐ入れた」

荒牧がいう「院外」とは岸派の小川半次によると、

「自民党の院外団ともいってね、一種の政治ゴロだな、自分たちの大切な親分を護衛するというわけで来るんだけど。二十人ぐらいいたかな。一週間に一度ぐらい党本部に集まってくる。荒牧退助は海原清兵衛という院外団のボスの下にいたのを知ってるよ。この海原は大野伴睦の家来だ。岸さんが刺されたのは、大野にいくはずの政権が池田にいったので、腹を立ててやったんでしょう」

――大野派の誰かから頼まれたのか。

「ワシはその時六十五歳だよ。六十五の男に誰が命令できるんだ」

――それで刺したときは。

「ビールを飲んだりしてると池田の挨拶が始まった。早くやらなければとねらっているうち、岸は誰かワシの知らない人と話を交わし始めた。チャンスと思い、その時やった。そのとき岸は『刺された』とひとこといっていた」

――殺すつもりだったのか。

「殺すつもりだったら殺していたよ。最初から殺すつもりはなかった」

――じゃあどうしてあんなことを。

「世間を騒がせたろう。あんな騒ぎになったんだ。樺美智子も死んだし、アイクの訪日は中止されたし、ハガチーが来るとあんな騒ぎになった。それでポッと辞められたんじゃ国民は肩すかしを食うだろう。肩すかしはいかん、こういうことだ」

――それだけか。

「それ以上のことは忘れたよ。とにかく肩すかしは困ると思っていた」

――岸について直接知っていたか。

「知らんよ」

――岸が総理大臣としてやったことは。

「良いだろう、まあ良いと思うよ」

——それなのに刺すのは納得できないが。

「樺美智子だって死んだろう。あのままじゃ区切りがつかんよ」

荒牧はそこで意外なことを口にした。

「そういえば樺美智子の父親と保釈中に会ったことがあるがね。一度招待されたんだ。電話だったと思うけど『いっぺん会いたい』といってきた。中央大学だったかへ行って、その食堂でメシを食った。ビールを飲んでね。ワシはお嬢さんのお悔みをいった。樺さんは『あなたもご苦労様でしたね』といったよ。事件の翌年ぐらいだったかな」

樺美智子の父親、樺俊雄《かんばとしお》（元中央大教授、創価大学文学部大学院研究科科長）もそのことを覚えていた。

「荒牧ですか。ええ、何度か会いましたよ。電話で強引に『会いたい』といってきたんです。古いタイプの日本人ですね。中央大学の教職員食堂で一緒にメシを食べたこともありました。荒牧は『先生のお嬢さんがああなったのに、岸は無傷でけしからん』としきりにいってました」

どちらが電話をかけたのかは話が食い違うが、安保で前科者になった無名の右翼と、やはり安保で娘を失った進歩的大学教授が出会っていた、という事実にはある種の異様さがにおっていた。

二人の男をめぐりあわせたのが、岸であることは明白だった。岸がいなければ、安保騒動がなければ、二人の人生は違ったものになっていた。荒牧と椎の運命を変えた背後に、岸の権力的な政治が大きく広がっていることは間違いなかった。岸という政治家のすさまじいばかりの強引さをみる思いがする。

その強引さで裏打ちされた岸の政治路線。序章で述べた三つの手がかりは一本の糸でつながってくる。「中国」「改憲」「大アジア主義」という一見バラバラのファクターが、「安保」につづいて、もし岸の釣り針にひっかかったときがくれば、岸のグランド・デザインは形を整えることになるだろう。

新覇権主義とは

それは、すでに指摘したように、米国と深く提携し、アジアの盟主的地位を固めながら独自の防衛体制を強化していく国家経営の路線。新大東亜共栄圏構想というべきか、中型膨張主義といえばいいのか、あるいは岸流の新覇権主義ともいえようか。

インタビューで、日米開戦のことを聞いたとき、岸はなんのてらいもなくいってのけた。「勝つということよりも、日本がともかく生きていく最低限のものを戦争によって確保しなきゃいかん。日本に対して油の供給が押さえられている。日本が立っていくだけの体制を作らなければ、ということだった。戦争で勝つというんならアメリカまで攻めていくことになるが、そんなことは誰も考えなかった。日本の最低限必要なものを確保するために必要な戦闘行為、戦争。そうして自分たちに有利な時期において講和をしてやっていくべきだ、こういう考えだった」

それを岸は胸を張って答えた。生きるための日米開戦という選択、その正当性を岸はいまでも確信し、毫《ごう》も修正を加える必要を感じていない。

この延長線上に、戦後の岸のグランド・デザイン、岸が考える日本の生き残り戦略は組み立てられている。岸にとって、迷う余地のない一本道のはずであり、そこから安保にみせた強権的な政治手法もでてくるとみるべきだろう。

久野収は岸の権力的体質としぶとさの裏にひそむものについて、

「現状を維持し、あるいは少しよくするために、これ以外の方法があったらお目にかかりたい、と岸はいいたいのだろう。今の生活水準を落としたくないんだから、労働組合も全部ね、考えろと。賃金をもっと高くしてくれと要求してるわけだから。岸の思うツボですよ。日本人の原哲学、民族エゴイズムの、岸は強力な指導者だね。反動的イデオロギーとしてなんぼ批判しても、岸はびくともしませんよ。岸をもし批判するとすれば、自分の勢力拡張のために日韓癒着とか、その他のものと結合しているわけだからそれはけしからん。そこを分けて考えなきゃ」

といった。だが、岸の引退もそう遠いことではないだろう。「安保の評価には五十年かかる」といった自信の一方で、岸は継承者に恵まれないことへのいらだちを感じはじめている。

「憲法改正、これは今後もやります。やりますけれどもなかなか私の目の黒い間にできるとは思ってない。しかし、この火を絶やしちゃいかんと思うんだ」

と語るのを聞いて、権力者、岸の孤独を読みとった。保守右派のイデオローグとしての岸は、自身の描いたデザインが完結しえないことを知りはじめているのではないか。

〈資料〉岸信介関係年譜

年次	西暦	年齢	岸信介関係	主な出来事
明29	1896		11月13日誕生	
大9	1920	24	東京帝大法学部卒業、農商務省入省	
11	1922	26	大臣官房文書課勤務となる、このころから吉野信次との結びつきが深まる	
14	1925	29		農商務省が農林省と商工省に分離
15	1926	30	欧米各国に出張	
昭4	1929	33	高等官3等に叙される、減俸反対運動を起こす	浜口内閣、官吏1割減俸を決定
5	1930	34	欧州出張、工務局勤務となる	
6	1931	35		満州事変起こる、吉野、商工次官に就任
7	1932	36	工務局工政課長となる	満州国建国宣言、5・15事件
8	1933	37	大臣官房文書課長となる、このころから商工省に吉野・岸ラインが確立される	
9	1934	38		満州国帝政実施、在満機構改革が実施され軍の満州経営が始まる、対満事務局設置
10	1935	39	対満事務局事務官を兼務	満鉄総裁に松岡洋右就任
11	1936	40	工務局長となる、10月、満州国実業部次長として渡満	2・26事件、吉野、商工次官を辞任、満州産業五か年計画現地案大綱決定、星野直樹、満州国総務長官に就任

12	1937	41	実業部が産業部と改編され、産業部次長となる 満州国総務庁次長となる	東条英機、関東軍参謀長に就任、満州重工業設立、鮎川義介総裁に就任
14	1939	43	満州から帰国し、商工次官となる	ノモンハン事件起こる
15	1940	44		星野、総務長官を辞任
16	1941	45	商工次官を辞任、東条内閣の商工大臣となる	太平洋戦争始まる
18	1943	47	商工省が軍需省に改編され、国務相・軍需次官となる	
19	1944	48	国務相・軍需次官を辞任	東条内閣総辞職
20	1945	49	9・11 戦犯容疑者として逮捕状執行される 9・15 戦犯容疑で逮捕される 12・8 巣鴨拘置所に移送される	8・15 「終戦の大詔」玉音放送 9・11 GHQ、東条英機ら39人の戦犯容疑者逮捕命令
21	1946	50		2・28 公職追放令公布実施 11・3 日本国憲法公布
22	1947	51		5・3 日本国憲法施行
23	1948	52	10・19 弟・佐藤栄作、吉田内閣の官房長官に就任 12・24 巣鴨プリズンから釈放される	10・15 第2次吉田内閣成立 11・12 極東国際軍事裁判判決 12・23 東条英機ら7人の死刑執行
24	1949	53	12・21 箕山社設立される	
26	1951	55	5・5 長女洋子、安倍晋太郎と結婚	9・8 対日講和条約・日米安保条約調印

27	1952	56	4・19 日本再建連盟結成 4・29 公職追放解除 7・3 日本再建連盟の会長に就任 10・1 総選挙で日本再建連盟惨敗	4・28 対日講和条約・日米安保条約発効
28	1953	57	2・7 欧米視察に出発（3・20帰国） 3・18 自由党に入党 4・19 衆院選に当選 12・15 自由党憲法調査会会長に就任	
29	1954	58	11・8 自由党を除名される 11・24 日本民主党幹事長に就任	4・21 犬養法相、造船疑獄で佐藤栄作逮捕に指揮権発動 11・24 日本民主党結成（総裁・鳩山一郎） 12・7 吉田内閣総辞職 12・10 鳩山内閣成立
30	1955	59	8・25 訪米し重光・ダレス会談に出席 11・15 自民党幹事長に就任	10・13 左右両派社会党統一 11・15 保守合同実現（自由民主党発足）
31	1956	60	12・14 自民党総裁選で石橋湛山に七票差で逆転負け 12・23 石橋内閣に外相として入閣	1・28 緒方竹虎死去 7・4 三木武吉死去 12・23 石橋内閣成立
32	1957	61	2・25 岸内閣成立 5・20 東南アジア6か国歴訪に出発（6・4帰国） 6・16 訪米（7・1帰国） 7・10 内閣改造、藤山愛一郎を外相に起用	6・21 日米首脳会談終了、「日米新時代来たる」の共同声明発表

年号	西暦	年齢	事項	一般事項
			11・18 東南アジア9か国歴訪に出発（12・8帰国）	
33	1958	62	6・12 第2次岸内閣成立	1・20 対インドネシア平和条約・賠償協定調印 4・12 国防会議で「FXはグラマンF11F」と内定 5・2 長崎国旗事件 10・4 安保条約改定交渉開始 11・22 警職法改正審議未了となる 12・27 3閣僚（池田・三木・灘尾）辞表提出
34	1959	63	6・18 内閣改造、池田勇人再入閣 7・11 欧州・中南米11か国歴訪に出発（8・11帰国）	3・28 安保改定阻止国民会議結成 11・6 国防会議「FXをロッキードF104」と決定
35	1960	64	1・16 新安保条約調印のため訪米（1・24帰国） 6・16 緊急閣議でアイゼンハワー大統領の訪日延期要請を決定 6・23 辞意を表明 7・14 右翼に刺され負傷 7・15 岸内閣総辞職	4・15 安保改定阻止第1次統一行動 1・6 安保条約改定の日米交渉妥結 1・19 新安保条約・新行政協定調印 1・24 民社党結成 5・20 未明に新安保条約を衆院本会議で強行採決 6・10 ハガチー事件 6・15 東大生樺美智子死亡 6・19 午前零時新安保条約自然承認 7・19 池田内閣成立
37	1962	66	11・2 岸派解散	11・9 日中LT貿易開始

39	1964	68		2・23 吉田元首相訪台し「吉田書簡」を蔣介石に手交 11・9 池田内閣総辞職、佐藤内閣成立
40	1965	69		6・22 日韓条約正式調印
42	1967	71	4月 勲一等に叙せられる	
43	1968	72		GNP自由世界第3位に
44	1969	73	2・12 日韓協力委設立総会に日本側会長として出席 12月 自主憲法制定国民会議会長に就任	
45	1970	74	6・18 韓国の一等樹交勲章を受ける	6・22 日米安保条約自動延長
47	1972	76	2・17 日豪議員連盟会長に就任	7・7 田中内閣成立 9・29 日中国交正常化の共同声明発表される
48	1973	77		8・8 金大中事件発生
49	1974	78		1・30 日韓大陸棚協定調印 12・9 三木内閣成立
51	1976	80		2・4 米上院公聴会でロッキード事件発覚 7・27 田中前首相逮捕される 12・24 福田内閣成立
53	1978	82	7月 政界引退	
54	1979	83	8・8 国連平和賞受賞	
62	1987	90	8・7 死去	

あとがき

数年前、岸信介とはじめて面談する機会があって、正直なところ戸惑いを覚えた。八十歳に近い高齢にもかかわらず老いを感じさせないことがまず驚きだったが、明快な論理展開、大きな目と耳、にこやかな応接と張りのある声、すべてがすっきりとしていて、好ましく映ったからである。これが、悪評しか聞かされたことのないあの岸なのか、と思わざるをえなかった。風評と実物のギャップにはしばしば遭遇するが、岸の場合は、落差が大きすぎた。ジャーナリストにとって、これほど魅力的な体験はない。上質の獲物にめぐりあえた、という印象を強くしたのである。

戦後の総理大臣は、東久邇、幣原、吉田、片山、芦田、鳩山、石橋、岸、池田、佐藤、田中、三木、福田、大平と十四人を数えるが、このうち人間研究の対象として文句なく食指が動くのは、岸信介と田中角栄である。スキャンダラスなうわさに満ちているという点で二人は共通しているが、そのことをも含めて強烈な個性の持ち主であり、他の追随を許さない。

政治指導者としての評価は見る立場によって割れるところだろうが、この二人が戦後政治の形成に直接関与した代表的なランナーであることは確かだろう。最近は吉田、池田、佐藤らの故人を再評価する声もあるが、やはり岸がレールを敷き、田中がばく進した、という実感の方が強い。しかも、政治の清濁のうち「濁」の側面の体現者として、二人が登場しているのも興味深いところだ。「濁」の部分をぬきにして戦後保守を解剖するのはまったくの片手落ちだからである。その意味でも、二人は他のだれより研究対象としてふさわしい政治リーダーといえる。

しかし、岸は田中を総理大臣に不適格な人物、つまり器《うつわ》でないとみていたらしい。超エリートコースの最先端ばかりを歩いてきた、長州権力閥の一人、岸と、立身出世コースの典型のような、成り上がり的な田中との差でもあろうが、それだけではない。同じ「濁」にも岸流と角栄流があり、両者の間には年齢的にふた世代の違いもあって、岸には「田中ごとき」という感情がある。そのへんもまた面白い。

ところで、本書に収録したのは月刊誌『文藝春秋』の五十二年十一月号に掲載された「満州の妖怪――岸信介研究」と同誌五十三年七月号の「岸信介研究――戦後編」の二つの特集記事をつなぎ合わせたものである。両レポートとも、岸を知る人たちの証言を中心に構成する手法をとっているので、収録にあたっては、いっさいの加筆修正をしなかった。「その時点での証言」の価値が失われるのを恐れたからである。従って証言者の肩書などは発表当時のままとした。今日では当然ズレや変化が生じていることをお断わりしておきたい。

岸研究に取り組むにあたり、欠かせない人物としてつっかい棒の役割を果たしてくれた星野直樹は、戦後編の執筆が終わりかけていた昭和五十三（一九七八）年五月二十九日に他界し、証言者のうち内田常雄ら何人かも死去した。改めて取材協力に感謝し、ご冥福を祈るばかりである。

岸当人も昨年七月、高齢を理由に政界引退を声明した。次回の衆院選挙には出馬しないということだが、国際舞台ではこれからも動くと宣言し、その後は公約どおり精力的に立ち回っているので、厳密には引退と言い難い。しかも、年初来のグラマン・ダグラス騒動では「時の人」である。八十二歳にして、なおこの生臭さを持続し得ているところが、いい意味でも、悪い意味でも岸の本領なのだろう。

このレポートは、岸研究の序論ともいうべきものでしかなく、入口のところをうろうろしたような実感が残っている。とても本論に踏み込むにはいたらなかった。岸はもっと深く吟味されなければならないと思うし、「岸と田中」の比較研究なども今後の宿題の一つだと思っている。

なお、取材、執筆がなんとか完結できたのは、塩田満彦、竹村好夫、小野志朗の各氏ら熱心な協力者を得たお蔭で、謝意を表したい。また今回の出版にあたっては、学陽書房の江波戸哲夫氏に負うところが大きかった。あわせて謝辞を述べる次第である。

岩見隆夫

昭和五十四（一九七九）年三月

文庫版のためのあとがき

政治家個人を描くのはかなりむずかしい仕事だと思っている。政治家に限らず、人間の料理は一刀両断、すぱっとはいかないが、特に政治家は程度の差こそあれ妖怪的、多面的な人種が多いから、骨が折れるのだ。

まず大物であればあるほど筆者側に好悪の情が生まれる。感情移入するな、と言われても、そうはいかない。好感をもって描く場合と、嫌悪感を抱きながら描くのとでは、人物像がまるきり違ってくる。では感情を抜きに公正な姿勢で執筆すればいいかといえば、それでは面白くなく核心にも迫れない。

読者が筆者の好悪の情を察知し、それを割引しながら読んでいただくのが、正確な人物像に触れる早道ではないかと思うが、身勝手な言い分かもしれない。私は政治記者稼業を約半世紀、七十七歳の老骨だが、政治記者の主たる仕事は首相の品定めである。戦後、東久邇稔彦《ひがしくになるひこ》から現在の野田佳彦まで首相は三十三人にのぼり、私が本人とじかに接触し取材したのは佐藤栄作以後の二十四人と、佐藤以前では岸信介一人だ。好悪の情で分ければ「好」が三分の一、「悪」が三分の二といったところだろうか。

「あとがき」と重複するが、本書に収録したのは、月刊誌『文藝春秋』の一九七七年十一月号に掲載した「満州の妖怪――岸信介研究」と同誌七八年七月号の「岸信介研究――戦後編」の二つのレポートを合わせたものである。岸を身近に知る戦前、戦中、戦後の人たち約一〇〇人の証言を中心に構成したものだが、いま読み直してみると、証言者は数人を除いて他界された。生前のご協力に深く感謝するほかない。

さて、岸は妖怪的ではなく妖怪と言い切っていいだろう。実は『文春』のレポート掲載直前の七七年五月から、『毎日新聞』紙上で「岸信介回想録」の連載が始まり、私が担当した。しかし、連載は三〇回で打ち切られる。それは、当時、岸をめぐる日韓癒着問題がクローズアップされ、『毎日』がキャンペーン的に報じたことに回想録のインタビューを仲介した、岸とじっこんの矢次一夫（当時、国策研究会常任理事）が激怒したからだった。

しかし、私の記憶では、岸自身は意に介しているふうでもなく、平然としていた。むしろ連載打ち切りが不本意のように見受けられた。その後、『文春』レポート取材に岸が気軽に応じてくれたのをみても、ほかの政治家とは違う。癒着とかスキャンダルの噂が流れるのも力のうち、と割り切っていたと思う。妖怪と言い切るゆえんの一つである。

岸に対する好悪の情について、正直に告白すれば、最初は懐疑的な目でみていたから「悪」に傾斜していた。だが、証言取材を進め本人と接するうち、次第にスケールの大きさに圧倒されざるをえなかった。つまり「好」がふくらんできたのである。かつてない体験だった。

岸は一九八七年八月七日、九十歳で死去した。首相辞任から二十七年が経過しているにもかかわらず、新聞各紙はほとんど一面トップ記事で扱い、「昭和の巨魁」(朝日)、「不死鳥」(毎日)、「昭和の妖怪」(読売)、「最後のカリスマ」(東京)、「動乱生き抜いた経世家」(産経)などと呼んだ。たぶん、空前絶後のことだろう。

当時、首相の中曽根康弘は、

「国家のために非常に大事な人を失った。岸先生は、戦争終結に努力され、東条内閣打倒をやられたことは記憶に新しい。戦後は保守合同をされて、今日の保守陣営の牢固とした地盤を作られた。この功績は不滅だ。日米安保条約の改定という大事業をやられ、吉田さん(茂・元首相)とともに日本の政治構造の岩盤を作られた恩人だ。……」

と語った。まあ、そうかもしれないが、「東条打倒……」というほど単純でなく、吉田と並べられると岸は愉快じゃないだろうなと思いながら、中曽根談話を聞いた覚えがある。その内側は本書にいくらか記述した。

岸死去のすぐあと中曽根が退陣し、それから早くも二十五年が過ぎている。中曽根も妖怪に近づいていて、九十四歳でなおも健在だが、晩年の岸ほどの生臭さはない。中曽根のあと、首相は竹下登、宇野宗佑、海部俊樹、宮沢喜一と移り、野田までなんと十七人がめまぐるしく入れ替わり、一政権の寿命は平均一年半である。これではもはや政治にならない。国家の中枢がマヒしているのも同然で、三・一一東日本大震災を待つまでもなく、日本衰亡の兆というほかないのだ。

ではどうすればいいのか。それを考える一助に本書がなればと思っている。三十五年前に書いたレポートを全部読み直してみて（そんなことはめったにやらない）、僭越ながらそう思った。筆が優れているのではもちろんない。国家の運命を委ねられた最高指導者は、何を考え、どう行動すべきか、を岸信介という妖怪は教えてくれているからだ。

今、日本を取り巻く国際環境は波高しである。岸は首相に就任すると迷うことなくアジア歴訪の旅に出た。昨今の首相は例外なく受け身、内向きである。不安がつのる。

本書出版の機会を与えてくれた中央公論新社の麻生昭彦氏には深くお礼を申し上げる。

二〇一二年十月

岩見隆夫

本作品は『昭和の妖怪　岸信介』（一九七九年五月、学陽書房刊／一九九九年四月、学陽書房人物文庫『岸信介　昭和の革命家』）に、加筆修正をおこなったものです。

中公文庫

昭和《しょうわ》の妖怪《ようかい》 岸信介《きしのぶすけ》

2012年11月25日　初版発行

著　者　岩《いわ》見《み》 隆《たか》夫《お》

発行者　小林 敬和

発行所　中央公論新社
〒104-8320　東京都中央区京橋2-8-7
電話　販売 03-3563-1431　編集 03-3563-3692
URL http://www.chuko.co.jp/

印　刷　三晃印刷
製　本　小泉製本

©2012 Takao IWAMI
Published by CHUOKORON-SHINSHA, INC.
Printed in Japan　ISBN978-4-12-205723-4 C1123

定価はカバーに表示してあります。落丁本・乱丁本はお手数ですが小社販売部宛お送り下さい。送料小社負担にてお取り替えいたします。

●本書の無断複製(コピー)は著作権法上での例外を除き禁じられています。また、代行業者等に依頼してスキャンやデジタル化を行うことは、たとえ個人や家庭内の利用を目的とする場合でも著作権法違反です。

中公文庫既刊より

各書目の下段の数字はＩＳＢＮコードです。978－4－12が省略してあります。

ほ-1-1
陸軍省軍務局と日米開戦
保阪正康
選択は一つ――大陸撤兵か対米英戦争か。東条内閣成立から開戦に至る二カ月間を、陸軍の政治的中枢である軍務局首脳の動向を通して克明に追求する。
201625-5

ほ-1-2
秩父宮 昭和天皇弟宮の生涯
保阪正康
近代天皇制のもとで弟宮という微妙な立場で激動の昭和史に立ち向かい、栄光と苦悩のなかに生きた秩父宮。その生の真実に迫る名著。〈解説〉半藤一利
203730-4

ほ-1-4
吉田茂という逆説
保阪正康
空白の時代に強烈な指導力を発揮した戦後最大の政治家・吉田の虚実。様々な資料を読み解きながら、吉田の本質に鋭く迫る著者渾身の書。〈解説〉庄司潤一郎
204207-0

ほ-1-5
昭和史再掘 〈昭和人〉の系譜を探る15の鍵
保阪正康
「GHQが演出した熊沢天皇」、「中野正剛はなぜ自殺に追いこまれたか」、「挫折した日本の原爆製造計画」など歴史の闇に消えた史実を再検証する。〈解説〉原　武史
204316-9

ほ-1-6
戦後の肖像 その栄光と挫折
保阪正康
秩父宮、高松宮、赤尾敏、伊藤律、田中角栄、金丸信など、昭和を代表するキーパーソン十五人に焦点を当て、昭和という時代の意味を改めて問い直す意欲作。
204557-6

ほ-1-7
昭和の戦争を読み解く 戦争観なき平和論
保阪正康
戦後に刻印された我々の記憶は本当に正しい二十世紀像を結んでいるのであろうか。「昭和史」を訪ねて関係者三千人にあった著者が導かれた結論とは。〈解説〉半藤一利
204713-6

ほ-1-8
六〇年安保闘争の真実 あの闘争は何だったのか
保阪正康
それは、戦後の日本がいちどは通過しなければならない儀式だった――昭和史のなかで最も多くの人々を突き動かした闘争の発端から終焉までをつぶさに検証する。
204833-1

ほ-1-9
昭和天皇（上）
保阪正康
その誕生から終戦まで、昭和天皇の足跡を丹念に辿りながら、「昭和の意味」を浮き彫りにし、日本という国、天皇という存在の意味を改めて問う。
205090-7

ほ-1-10
昭和天皇（下）
保阪正康
戦後は「象徴天皇」として歩んだ昭和天皇の生涯を様々な資料から浮き彫りにしつつ、昭和という時代の意味をも問う、著者渾身の労作！〈解説〉長門保明
205091-4

ほ-1-11
新編 後藤田正晴 異色官僚政治家の軌跡
保阪正康
旧内務省官僚、警察官僚を経て、政治家として自民・非自民の双方から敬意を集めた後藤田正晴。律儀に真摯に、大胆に生きた氏の歴史的普遍性に迫る。
205099-0

ほ-1-13
1989年の因果 昭和から平成へ時代はどう変わったか
保阪正康
天皇崩御、与党の大敗、消費税導入、東西ドイツ統一、天安門事件……世界的な激動の年であった平成元年当時の記録を、いまの視点からあらためて問い直す。
205469-1

よ-38-1
検証 戦争責任（上）
読売新聞戦争責任検証委員会
誰が、いつ、どのように誤ったのか。あの戦争を日本人自らの手で検証し、次世代へつなげる試みに記者たちが挑む。上巻では、さまざまな要因をテーマ別に検証する。
205161-4

よ-38-2
検証 戦争責任（下）
読売新聞戦争責任検証委員会
無謀な戦線拡大を続けた日中戦争から、戦後の東京裁判まで、時系列にそって戦争を検証。上巻のテーマ別検証もふまえて最終総括を行う。日本人は何を学んだか。
205177-5

は-36-10
検証・真珠湾の謎と真実 ルーズベルトは知っていたか
秦郁彦編
ルーズベルトは日本の真珠湾攻撃を事前に察知していたのか。戦史研究の第一人者たちが米公文書、日本側資料、当事者の証言を精査し、あの日の実像に迫る。
205569-8

い-108-1
昭和16年夏の敗戦
猪瀬直樹
開戦直前の夏、若手エリートで構成された模擬内閣が出した結論は〈日本必敗〉だった。だが……。知られざる秘話から日本の意思決定のあり様を探る。
205330-4

各書目の下段の数字はISBNコードです。978－4－12が省略してあります。

し-6-61
司馬遼太郎
歴史のなかの邂逅1
空海～斎藤道三
司馬遼太郎
その人の生の輝きが時代の扉を押しあけた――。歴史上の人物の魅力を発掘したエッセイを古代から時代順に集大成。第一巻には司馬文学の奥行きを堪能させる二十七篇を収録。
205368-7

し-6-62
司馬遼太郎
歴史のなかの邂逅2
織田信長～豊臣秀吉
司馬遼太郎
人間の魅力とは何か――。織田信長、豊臣秀吉、古田織部など、室町末期から戦国時代を生きた男女の横顔を描き出す人物エッセイ二十三篇。
205376-2

し-6-63
司馬遼太郎
歴史のなかの邂逅3
徳川家康～高田屋嘉兵衛
司馬遼太郎
徳川家康、石田三成ら関ヶ原前後の諸大名の生き様や、徳川時代に爆発的な繁栄をみせた江戸の人間模様など、歴史のなかの群像を論じた人物エッセイ。
205395-3

し-6-64
司馬遼太郎
歴史のなかの邂逅4
勝海舟～新選組
司馬遼太郎
第四巻は動乱の幕末を舞台に、新選組や河井継之助、緒方洪庵、勝海舟など、白熱する歴史のなかの群像を論じた人物エッセイ二十六篇を収録。
205412-7

し-6-65
司馬遼太郎
歴史のなかの邂逅5
坂本竜馬～吉田松陰
司馬遼太郎
吉田松陰、坂本竜馬、西郷隆盛ら変革期を生きた人々の様々な運命。『竜馬がゆく』など幕末維新をテーマに数々の傑作長編が生まれた背景を伝える二十二篇。
205429-5

し-6-66
司馬遼太郎
歴史のなかの邂逅6
村田蔵六～西郷隆盛
司馬遼太郎
西郷隆盛、岩倉具視、大久保利通、江藤新平など、明治維新という日本史上最大のドラマをつくりあげた立役者たち。時代を駆け抜けた彼らの横顔を伝える二十一篇を収録。
205438-7

し-6-67
司馬遼太郎
歴史のなかの邂逅7
正岡子規～秋山好古・真之
司馬遼太郎
傑作『坂の上の雲』に描かれた正岡子規、秋山兄弟をはじめ、日本の前途を信じた明治期の若者たちの、底ぬけの明るさと痛々しさと――。人物エッセイ二十二篇。
205455-4

し-6-68
司馬遼太郎
歴史のなかの邂逅8
ある明治の庶民
司馬遼太郎
歴史上の人物の魅力を発掘したエッセイの集大成、全八巻ここに完結。最終巻には明治期の日本人から祖父・福田惣八、ゴッホや八大山人まで十七篇を収録。
205464-6